白马篇

习惯的力量

从拖延到自律

读者杂志社 编

读者出版社

**图书在版编目（CIP）数据**

习惯的力量，从拖延到自律 / 读者杂志社编.
兰州：读者出版社，2025.5（2025.8重印）. -- ISBN 978
-7-5527-0883-7
Ⅰ. C933.41-49
中国国家版本馆CIP数据核字第 2025CE7776 号

**习惯的力量，从拖延到自律**
读者杂志社　编

总 策 划　宁　恢　王先孟
策划编辑　刘全铺　赵元元
责任编辑　张紫妍
封面设计　苏锦治　江蕴屿
版式设计　甘肃·印迹

出版发行　读者出版社
地　　址　兰州市城关区读者大道568号（730030）
邮　　箱　readerpress@163.com
电　　话　0931-2131529（编辑部）　0931-2131507（发行部）

印　　刷　北京盛通印刷股份有限公司
规　　格　开本710毫米×1000毫米　1/16
　　　　　印张13　字数202千
版　　次　2025年5月第1版
　　　　　2025年8月第2次印刷
书　　号　ISBN 978-7-5527-0883-7
定　　价　59.80元

# 目 录

壹

没有理所当然的成功，
没有毫无道理的平庸

# 你不是在学习，而是在"表演学习"

*Shandmich*

故事开始于高中。对于高一的学生而言，学习是清晨六点准时响起的闹钟声，是课桌上堆积如山的习题册，是午夜十二点台灯下孤独而坚定的身影。我梦想考入心仪的大学，让家人为我骄傲，让老师对我满意，也让未来的自己不必过于艰辛。

每日，我都严格按照既定的计划行事。清晨，我迎着晨曦破雾踏入校园，埋头于新买的试题中。早读时分，我从不懈怠，铃声一响便翻开书本，大声诵读。我记录的课堂笔记更是令人赞叹不已，每当同学乃至老师对我那绚丽工整的笔记投来赞许的目光时，我的嘴角总会不自觉地上扬。因此，在别人眼中，我始终是那个在课间也争分夺秒，夜晚熬夜刷题的学习典范。

然而，随着年级的攀升，我逐渐感到力不从心。那些曾经轻而易举便能掌握的学科，如今却变得异常艰难。我甚至开始怀疑自己的智力，质疑自己的努力是否真的有价值。但真正让我陷入绝望的是高二上学期的期中考试。尽管我已做好心理准备，但那张平庸且刺眼的成绩单仍让我的呼吸变得沉重。在同桌回到座位之前，我默默地将试卷压在书堆的最下方，生怕被他看到后与他人议论——看哪，这个学习如此认真的人，竟然只考了这么点分数！尽管如此，我仍沉溺于自己学习的"舒适区"，不愿走出。我强迫自己坐在书桌前，翻开书本，试图集中注意力。但越是如此，我越感到疲惫和无力。我开始意识到，这种所谓的"学习"更像是一种自我欺骗，一种对外界期望的迎合。每当夜深人静，我总是凝视着黑洞洞的夜空，心中不禁自问：这三年的时光，难道就这样虚度了吗？

我开始审视自己。那个看似认真学习的我，真的在用心学习吗？我对自己坦言：我只是在"表演学习"。我过分在意他人的看法，追求表面的完美。早起埋头写作业，其实是在抄答案；早读时大声诵读，思绪却早已神游天外，更不用说那些课后从未翻阅第二遍的、花花绿绿的笔记了。这一切的一切，都证明了我并没有真正在学习。我意识到，我需要改变。

自省之后，我逐渐形成了自己的学习习惯。我不再盲目地做大量笔记，以免在复习时难以分辨重点。久违的错题本也被我重新启用，用于攻克那些令人头疼的错题。我开始设定自己的学习目标，这些目标不再是他人强加给我的，而是我内心深处真正渴望实现的。与此同时，我也充分利用课余时间，不再将所有精力都投入应试中，而是留出一些时间去锻炼身体、与朋友交流。这样的生活更加充实，也更有意义。一个健康的身体让我在课堂上精神饱满、注意力集中。当学习变得主动且充满正反馈时，效率自然大大提高。

在自我鼓励的一段时间后，对我至关重要的期末考试到来了。你无法想象这次的成功给了我多大的信心——我竟然考了全班第一！我从未在任何一门科目上取得过如此优异的成绩，但这次，我在三门主科上均名列班级前茅。

高三的时光如同加速奔跑的列车。随着春天的离去，晨曦也变得更加明亮。那是我永远不愿再经历，却值得一生追忆的时光。我记得，最爱干净、最在乎形象的女生，有时也会顶着满头油光走进教室；最贪玩、最嬉闹的男生，下课后也多端坐在座位上攻克难题。如今想来，大家的反差也别有一番趣味。

　　回首往昔，我感激那段"表演学习"的经历，因为它让我认识到了自己的不足和局限，让我在面对求学路上最大的挑战时，不至于束手无策。我也更加珍惜现在的生活和状态。只有真正的学习，才能让我成为更好的自己。这是我在高中这片海洋中奋力挣扎后获得的最坚定的信念。

# 摆烂太久，上天会收走你的天赋

*Shandmich*

小时候，家中开了一间馍房，麦香四溢，却引来了狡黠的老鼠，这让父亲常常眉头紧锁。

一天晌午，奶奶正忙于猪圈琐事，刚把熟菜叶、糠和老南瓜的瓢儿倒进猪槽，一抹黑影突然跃上猪圈矮墙，吓得奶奶心里一颤。定睛一看，才发现是只瘦骨嶙峋的小狸猫，毛皮干涩。奶奶没管它，继续干活。那狸猫似乎感受到奶奶的目光，发出几声细弱的呼唤，然后一跃落地，盯着猪槽。它小心翼翼地走近，嗅了嗅糙食，便毫不犹豫地埋头吃起来，皮毛沾满碎渣。奶奶看它可怜，进屋盛了点饭菜拌拌，放在小碗里招呼它。那猫看见吃的就来了，也不怕生，闻闻嗅嗅又吃起来。自此，这猫便在我家"上岗"了。

尽管长期营养匮乏让它身形单薄，但这只狸花猫仍展现出令人惊叹的迅捷。四肢纤细却灵活，每次迈步都轻盈精准。斑斓的毛色仿佛调色盘，将林间光影巧妙捕捉。我们给它起名"花狸"。吃饱后，花狸就不让人摸了，稍有捉它的倾向，它就跑得远远的。时间久了，它渐渐把这儿当家，唤它一声，它就会过来看看你，然后慢条斯理地舔舐爪子。大家都啧啧称奇：真是只极有自尊的小猫！

花狸天生为捕猎而生，最喜欢在厨房等常出现猎物的地方巡逻。其捕猎极具观赏性：一闻鼠踪，一窥鼠洞，立时毛发竖起，眼眸圆睁，缓步前行，猛而出击，一击即中。它还喜欢将咬死的猎物陈列于门框，向我们炫耀它的捕猎成果。

岁月流转，花狸日益茁壮，家中老鼠也销声匿迹。往昔馔筐揭盖偶见鼠屎的尴尬，如今已成过眼云烟。那时，家中深陷鼠灾并非稀罕事，一只能捉老鼠的猫，更何况如花狸这般勇猛善战者，更是难得。因此，它常被邻里亲朋争相以食物邀去护佑粮仓，以保安宁。花狸颇有游侠之风，吃完即逮，抓完即走，赢得街坊邻居一致好评。它统治着一整条街的猫，无论何时都甩着尾尖，头抬得老高。

但温水不仅能煮青蛙，也能酥软任何生物的骨。没过几年，我们家就搬到了市区。家里没有了松软的土地和囤积的粮食，老鼠大抵绝迹。我们也常闭门窗，不再让花狸自由出行。曾经的"街巷一霸"只能无聊地躺在沙发上晒太阳，等着喂食。它吃得肠肥脑满，矫健的身形逐渐臃肿，眼神也失去锐利与坚定。花狸还学会了撒娇，每当有人喂食，总要主动露出肚皮以示臣服。过去从不收回肉垫中的利爪如今也不见了，中气十足的喵呜也转为哀婉的呼噜声。它不再是自由自在的游侠，而是成了被豢养的宠物。

父亲害怕花狸寂寞，购置了一只新的小猫。这只小橘猫极为胆大，刚到新家就四处闪转腾挪，身姿轻盈矫健，颇有花狸从前的风范。花狸看到幼猫，便象征性地嗅嗅舔舔，确立了自己大哥的地位。但花狸似乎已不如小橘猫，甚至在它引以为傲的捕猎天赋上。当家中罕见出现老鼠时，花狸极为激动地动身，它以过去的经验双足半蹲，积蓄力量准备扑向老鼠，可长久未锻炼的臃肿身体却拖累着它，力不从心。它吃力一跃，动作迟缓，在空中划过一道不太灵活的弧线。老鼠很快察觉危险，迅速改变方向逃窜。就在这时，一直躲在旁边的小橘猫如闪电般冲了出来，轻松穿梭于大猫庞大的身躯下方，准确无误地扑中老鼠，一拍毙命。当小橘猫被父亲抱起亲昵时，花狸眼中却有了悲哀神色，它看到了过去的自己。

那天后，花狸性情大变，眼眸不再闪烁往昔柔和的绿光，而是被莫名的狂怒点燃，如同深渊之中跳跃的幽冥火。它也不再进食，对每一个试图接近的人挥舞利爪。每当夜幕降临，这猫就开始令人心悸的仪式——疯狂撞击隔绝自由的窗，叫声尖锐刺耳，窗棂间充满凄厉与不甘的交响。父亲不忍，只得打开窗户，让这只已饿了两天的狸花猫爬出窗框回到街头。它逐渐隐于暗夜之中，决绝而往，踏月逐风，重新于黑暗中寻觅过去的自己。

那是我最后一次见到它。

# 真正想做的事，只要开始了就不会晚

林特特

十几年前在家乡，他是一名汽车修理工。一天之中最惬意的事，莫过于收了工躺在床上，拧开收音机的开关，在一副副好嗓子中，展开无垠的想象。

他也有一副好嗓子。如果不是初中毕业就开始工作，他大概会学播音，然后坐在主播台前，对着话筒，隔着透明的玻璃窗，向导播示意……

一天清晨，他在一片空地"练声"。说是练声，其实，既没有专人指导，也没有专业的理论知识。他只是凭着自己的直觉，找张报纸或拿本杂志，挑些喜欢的文章去读。

有一天，有人路过那儿停下来听他朗读。"小伙子，你要不要来我们电台试一试？只是没有钱。"对方抱歉地说。他忙不迭地答应了。

为此，他必须起得更早。早点去修车，以期在下午3点前结束一天的工作。当然，也睡得更晚——电台给了他一个时段（晚上12点到1点），没有钱，但他开始拥有自己的听众。

很长一段时间，他做两份工作，这两份工作他都处理得很好。只有一次，他听说邻市有一个短期的播音培训班，为期一周。请不了假，他便不要当月的奖金，旷工去参加。待走进教室，他发现，他是求学者中年龄最大的。

那时，他 26 岁，小城大部分的同龄人已结婚、生子，而他却揣着一个主播梦。

后来，工厂倒闭，他拿着 3.6 万元的补偿金去了北京。

"知道我当时是怎么准备成人高考的吗？很多年没上学了，别说考试，阅读都有障碍。于是，我每天 4 点多钟起床，在路灯下读英语，再用一整天的时间做数学题，抽空练声。下午在食堂上自习，这样，晚饭才能抢到最便宜的菜。室友们都劝我，那么拼命干吗？考的是成人大专，等毕业时，你已经 30 岁了。可我顾不了那么多。我想好好学播音，我想坐在主播室，哪怕 30 岁才开始。"他坐在透明玻璃窗前和我说这些时，导播正在一旁调试设备。

这是中央人民广播电台的演播室。他已经在这儿工作了 13 年，眼下，正主持着一档读书类节目。今天，我是他的嘉宾。

他告诉我，从进台起，他就被称为"哥"，因为那一年参加招聘被留下来的 8 个人中，他年龄最大，已经 30 岁了。我很好奇："你年龄最大，学历最低，主考官看中了你的什么？""我的声音、经历——我在求学期间不断做兼职，四处配音。"他顿了顿，说，"这说明我适合这份工作，热爱这份工作。事实上，当年进入台里的 8 个人中，现在还坚持做主播的只有我一个。"

那天，在节目的最后，他总结道："只要坚持，人生终究会有不同。功名，或许从来都眷顾愿意付出的人。"

# 坚持，足以和天赋抗衡

马徐骏

在这所重点中学里，田径是学校的传统优势项目。每年，很多从体校转来的体育生，在中学生运动会上为学校争光。他们大多是国家一级运动员，但我并不属于此类。我只是一名普通的高中生，且成绩中等偏下，所幸，跑得还算快，因此参加短跑训练，目标是成为国家二级运动员。

我的教练外号"林教头"。我觉得自己简直是个正在修行的侠客，一旦大功告成，就可以仗剑出山、名震江湖了。

一天，我拿到了我的第一双训练鞋。从此，一放学，我就出现在操场边，风雨无阻。

林教练兼着不同年级的体育课，有时他看到只有我一个人在等着训练，便摆摆手说："今天算了吧。"

但是我每天都去，拒绝几次后，教练也有点儿不好意思，就带着我一个人练，练了几个月。100米短跑，国家二级运动员的标准是11.54秒，我一直没跑进过12秒。

那天，操场上来了个瘦男孩，风一样冲过终点线，教练手里的秒表停在11.68秒。教练大声地对他说："好好练，一年之内就达标了。"他眯着小眼睛朝教练龇牙。他就是我的师弟。

0.14 秒的差距也许要花半年，甚至更长的时间来突破，这对于我来说任重道远，但对于师弟而言不算什么。

某个下午，我去体育组办公室喝水，在楼梯上听见有人说："你们短跑组训练得很勤啊，但那俩小子比赛都是拿不了名次的。真要说考二级，也就那小瘦猴还有希望，那个小马没天赋。"

我没听下去，悄悄溜下楼，心跳得特别快。

那天，我第一次跑进了 12 秒。

当晚，我发现自己的腿拉伤了。右腿内侧肌肉疼得支撑不了身体重心，第二天上学一瘸一拐的。下午训练前，我吃了止疼药，但成绩跌出 13 秒外。

之后的情况越来越糟，我甚至不能下楼做广播操，训练只能停了。

林教练让我去找吴医生。吴医生是推拿方面的专家，医术非凡，我每周去他那儿推拿三次。

我像一个行走的药罐子，平时腿上都敷着药膏，气味难闻，隔着裤子还是刺鼻。但是，放学后，我仍然跛着腿来到操场边，坚持训练上肢力量，单杠、双杠、哑铃、摆臂等。

一个半月过去了，吴医生告诉我以后不用再来了，我深深地给吴医生鞠了一躬。

这一天，师弟已经跑到了 11.59 秒。

我恢复得很快，不到两个月已回到了 11.8 秒。教练开始让我同时训练 200 米短跑，单拼速度和力量我不行，但加上耐力和弯道技术，很快，我就跑到了 24 秒，离 200 米 23.51 秒的国家二级运动员标准非常近了。

有一天，我第一次在塑胶跑道上跑出了 100 米短跑 11.65 秒的成绩和 200 米短跑 23.9 秒的成绩，兴奋得直接来了个后空翻。

　　可惜比赛机会并没有随之来临。所有认证级别的比赛，都需要师兄们去给学校争荣誉，轮不到我和师弟。就这样继续训练着，我进入了忙碌的高三，作业铺天盖地，但我还是会坚持去训练。

　　那天，在操场栏杆上压腿的我被告知，市里取消了两个比赛，很难有比赛机会让我和师弟参加了，让我们有个心理准备。

　　是的，我有心理准备：我会一直训练到毕业那天，不管有没有比赛，能不能成为短跑运动员。

　　高三上半学期和寒假都过去了，师弟再也没在操场上训练过，而我仍然每天坚持训练。

　　直到有一天，教练突然把我和师弟叫到跟前，递给我们一人一张参赛证。那是一个国家级的大型体育选拔赛，那次比赛可以认证级别。那是我们俩最好的机会。

　　之后，师弟开始每天出现在操场上训练，很快，他的百米成绩回到了11.6秒；而我的200米已经可以跑到23.49秒，比国家二级运动员标准还快了0.02秒。

　　转眼就到了比赛日期了。第一天100米，第二天200米。在清晨微寒的春风里，教练带着我和师弟在场外准备区热身。站在场地中央，看着整整一圈8万个座位，我开始紧张，喉咙发干，腿脚发紧。我转过头看师弟，他在微微颤抖，嘴唇已经白了。

　　上场前，教练嘱咐我们俩："今天多是特级和健将级运动员，如果被甩很远不要在意，尽力就好。同时，逆风跑虽会对成绩有影响，但计时会扣除这个因素的影响，所以不要紧张，正常发挥。"

　　看着身边肌肉快要撑爆运动服、光着头一脸无畏的专业运动员，我感觉自己好像是放在迫击炮之间的一把小手枪。发令枪响的时候，我起跑慢了，瞬间就被旁边的选手甩出去好几米。风迎面扑来，在我前面竖起一道墙，不结实，却坚固，撞不烂也冲不破，兜着我一点点往后扯。眼前是黑的，我只听见自己喉咙里的嘶吼，哑的。

冲过终点时，其他选手已经在穿衣服了。

11.76 秒。在修正了风速之后，减去 0.2 秒。

这一天，我好不容易等到的机会，被一阵风吹得七零八落。

在回去的车上，我和师弟都低着头。师弟只比我快了 0.01 秒。教练沉默了一路。

下车前，教练对我们说："明天还有风，比赛的压力可能更大。"师弟抬起头，看看教练。我咬着牙，没有表态。

当晚，教练、班主任都来了家里。"三年，够了。你当初跑步只是为了能成为国家二级运动员。如果明天没跑下来，你就白练了。"教练说。

爸爸一直低着头，没有说话。

教练离开前，最后一次对我说："明天加油。"

躺在床上，听见客厅里妈妈在数落爸爸："孩子脾气这么倔，还不是像你。"那个晚上，我躲在被窝里，哭了。

第二天一早，我在校门口等教练。当他看见没背书包、手上拿着旧钉鞋的我，长叹了一口气。师弟没出现，但我的两个师兄来了。

第二天，如教练预测的那样，风没有变小。我从教练手里拿过参赛证，转身朝场地走。师兄追过来，说了一句："你小子……"

站在起跑线上的那一刻，我的脑海中一片空白，什么念头都没了，没有害怕，没有喜悦，也没有后悔。

发令枪响起，身边好像奔腾着千军万马，跑道被震得晃动。不断有其他选手从我身边超过，最外道的起跑优势距离差在前 15 米已被追平。跑步的时候，我谁也没看，只有风声里裹挟着号角的鸣音，在耳边响个不停。

跑出弯道的那一刻，号角突然不响了，风停了。

教练和师兄在看台上兴奋地大吼，朝我挥拳头。

那个 200 米，可能是那天唯一风停下来的几十秒，真的被我赶上了，好像是上天送给我的一件礼物。我的最终成绩为 23.58 秒。只要站在起跑线上，无论结果如何，我都已经没有遗憾了。

为了成为国家二级运动员？也许最初是，但后来已经不是了，从知道自己并没有短跑方面的天赋，甚至被其他组的教练否定开始，这已经不再是目标了。坚持下去的动力，是我觉得自己在做正确的事。因此，我坚持跑下去。

其实生活早已告诉我了，我并不是个有短跑天赋的人。不像师弟，他出身田径世家，爷爷是教练的同学，爸爸是教练的弟子，一旦跑起来，两条腿像失控的风车。

看到他跑 100 米，我才知道，原来漫画人物那种腿快得看起来转成了一圈轮子的跑法，并不是艺术夸张，哪怕是在黑黢黢没有弹性的煤渣跑道上，师弟的腿也真的可以跑成那样。

我所拥有的，是另外一种东西，叫作坚持。坚持，足以和天赋抗衡。

# 练习一万小时成天才

万维钢

许多人认为困难事业的干成，靠的是干事业的人的某种内在品质。如果一个人取得了了不起的成就，比如说陈景润在哥德巴赫猜想上的重大突破，媒体就喜欢把成功归结于他的拼搏精神。成功的秘诀居然如此简单，你要做的就是豁出去拼。以至于很多民间科学家误以为，科学研究的突破只要用足够多的汗水就能换到，从而把大好的时光浪费在自己根本不懂的项目上。

可是，如果是中国人怎么干都不成功的事业，比如说男足，媒体上就会出现一些需要更高文化程度才能理解的分析：把失败归结于中国人的素质、中国的整个体制，甚至传统文化。这时候成功就变得复杂，为了能在世界杯预选赛上赢两场球，居然需要整个中华民族进行一次反思。

我不太赞同这种凡事往特别简单或者往特别复杂说的思维。首先，干事业不是靠拼命就行。证明数学定理不是拼命就能成功的，打仗也不是仅靠拼命就能取胜的。其次，干事业就是干事业。想去世界杯赢两场球，你研究足球就可以了，没必要先把官场文化和春秋以来的儒家思想都研究、批判和改造一遍。

如果你想成为一个科学家，就应该好好学习基础知识，掌握基本技能，比如算算微积分、写写计算机程序，然后找到一个好的导师，在其指导下，从学徒开始做，做真正的科学研究。如果有一个人，认为搞科研"工夫在诗外"，一天到晚研读牛顿等科学家的传记，给古今中外的科学家搞排行榜，在博客上写好多科学家的趣闻轶事，跟伪科学和民间科学家做斗争，甚至希望通过研读西方近代哲学和中国古代哲学来提升自己的人文素养，通过这样的办法学习搞科研，那就是缘木求鱼了。

真正提升我们水平的不是文化，不是艺术，不是哲学，不是制度，不是自虐，而是刻意练习。

训练方法是在不断进步的。13 世纪的哲学家罗吉尔·培根曾经认为，任何人都不可能用少于 30 年的时间掌握数学。可是现在的学生在十几岁的时候就已经学到了许多数学知识，因为教学方法进步了。事实上，我们今天的所有领域都比过去做得更好，体育界的世界纪录被不断打破，艺术家们的技巧也是过去的人们根本无法想象的。查理·芒格有句话说得好："人类社会只有发明了'发明的方法'之后才能快速发展。"同样的道理，我们只有学习了"学习的方法"之后，才能快速进步。

训练方法的重要性的另一个体现是"天才"的扎堆出现。比如有一段时期的俄罗斯女子网球、韩国女子曲棍球，更不必说中国的乒乓球，拥有绝对优势。难道别的国家的人天生就不适合从事这些项目吗？其根本原因在于这些国家已经掌握了一套科学的训练方法，而且在该国能找到足够多的人来接受这种训练方法，以至于可以批量生产优秀运动员。

更进一步，哪怕你这个国家并不擅长这个项目，只要有一名教练掌握了科学训练法，他就可以带出顶尖高手。比如中国并不是花样滑冰的传统强国，而且这项运动甚至根本就没有群众基础，然而中国却出现了申雪、赵宏博、庞清、佟健这样的世界顶级高手，他们在奥运会上摘金夺银。这在相当大的程度上，是教练姚滨的功劳。

姚滨在 20 世纪 80 年代初作为运动员代表中国参加冬奥会，因为他做的动作完全脱离主流，竟然把外国选手都给看乐了——中国连花滑的门都没摸着。中国根本没有这个土壤！可是姚滨不信什么土壤，他只信科学训练。他在没有外国花滑教材的时候，竟然自己从体育理论和实践中摸索出了一套训练手段，甚至从编舞到音乐再到运动员服装，都自己设计制作，最终竟带出了世界冠军。

想要成为某一领域的顶尖高手，关键在于"刻意"地在这个领域内练习。

# 不要假装努力，结局不会陪你演戏

陈 峰

《孟子》中有这样的一个故事：两位学生同时跟随通国的围棋大师秋（弈秋）学习，在弈秋的教导下，两位学生都聚精会神地听课，但最后其中一人的成绩相比另外一位却差之千里。

谜底揭晓，原来其中一位学子的勤奋，不过是镜花水月，一场自我编织的勤奋幻象。他虽身在课堂，心却早已神游天际，幻想鸿鹄将至，弯弓欲射，心不在焉，学习之效自然大打折扣。

假装出来的努力，自然不会收获好的结果。

人有时候是需要伪装的，自古有"喜怒不形于色"的说法。但不是什么事都要装，尤其是不能装出一副努力的样子来。以为能够骗过别人，其实是自欺欺人。

努力的样子可以假装出来，但是事情的结局从来不会陪着你演戏。你真正付出了多少，结局就会呈现出多少的结果。就像种地一样，你不勤劳实在地对待土地，难道还指望田地里自己长出庄稼等着去丰收？

我曾遇到过一件事。在我住处的附近有一大片菜地，这片菜地中有一块最为特殊，别的地都是郁郁葱葱，而它却是稀稀拉拉的，杂草丛生，有的菜甚至已经枯死了。

我自小在农村长大，一贯觉得地你可以不种，既然种了，就要精心呵护。

我那时候总想弄清这块地的主人家到底是个什么样的人，后来发现它的主人是一位中年人，年纪约莫四十岁。令我惊讶的是这位主人每天竟然是在晚上出现在地里，打着微弱的手电一点点忙活着。

我好奇地问他为什么要在晚上来地里，他说白天太忙没工夫来，家里又指望额外增加一份收入。听了这话我愧疚了好久，心想竟然把一个勤劳的人想成了偷懒的人。我原以为这事就这样过去了，可是有一次却在一家棋牌室看见了他。

原来，他所说的白天忙是假装的。我瞬间觉得自己被欺骗了，像是看了一场拙劣的表演。

假装努力不是表演的艺术，流于表面的样子就是一场自己的狂欢。人是很难欺骗自己的，相信很多人玩过抛硬币，想要以硬币正反来决定某件事的某个选择，但是有多少人真正通过抛硬币做出了让自己满意的选择呢？

现实是硬币抛出的那一刻，你就已经做出了选择。

我很早就知道一句话——实践是检验真理的唯一标准。在后来的生活之中，我一直坚信这句话，认为一切好的结局都是经过实实在在的努力才得到的，生活也必定是有了付出才会有回报。

所以，收起那些自欺欺人的做法，认真地去对待所遇到的每一件事。

拿着书摇头晃脑地背，是每个人都是可以轻易地完成的动作，但是打开试卷胸有成竹地落笔，却不是那么容易就能做到的，而是真正付出努力后才能有的从容。

疏于管教的庄稼得不到秋天的丰收，夜晚的黑幕下锄头铲不尽野草。想象中的弓箭射不下飞翔的大雁，走神的课堂上学不来有用的知识。滥竽充数终究要被生活抛弃。假装努力，从来只能感动自己，改变不了结局。表演出来的努力就是一场闹剧，只能掩饰自己的懒散。

　　千万不要假装努力，结局不会陪你演戏。

　　真正的努力，是面对挫折失败时的勇气，是继续前行的信心，是不为外界所扰的坚定，更是目标明确的自律！

# 大多数问题都是拖延衍生出来的

*Shandmich*

新春佳节，我怀揣着满心期待踏上了归家之旅。熟悉的乡间小道、天空中悬挂的明月，皆令我倍感亲切。我迫不及待地迈进老家的小院，浓郁的年味扑面而来。高悬的灯笼犹如夜空中最明亮的星辰，将温暖播撒至院子的每一个角落。爷爷奶奶笑容满面地迎上前来，紧握我的手，嘘寒问暖。

年三十的下午，小院内一片繁忙。厨房里，爷爷奶奶与众亲戚各司其职，精心筹备年夜饭。二叔对烹饪一窍不通，只能在一旁打下手。在我的记忆中，二叔是个踏实却略拖沓的人。他诚恳不浮躁，但拖沓如同无形的枷锁，束缚着他的行动。这种习惯虽未掩盖他的善良，却也不时给他的生活和工作带来困扰。

奶奶在忙碌中停下脚步，目光落在一旁的豆角上，她转头看向二叔，用手指了指："老二，过半小时记得把豆角炖煮，烧不够时间可是有毒的！"二叔满口答应，豆角却迟迟未下锅。午后的阳光透过窗户洒入屋内，厨房内烟雾缭绕，二叔完全沉浸在自己的世界里，对时间的流逝毫无察觉。

然而，时间不会因他的拖延而驻足。当落日余晖映照在他的眼前，将他从沉思中惊醒时，他才意识到自己完全忘记了烹饪豆角的任务。距离开饭时间仅剩半小时，他焦急万分地冲向厨房，慌乱中抓起装满豆角的塑料袋，食材撒落一地。他将豆角扔进锅里，溅起的水花烫伤了他的手。他站在炉灶前，开启最大功率的火，心中祈祷着这锅豆角能赶上大家的年夜饭。

夜幕降临，一家人围坐一起，准备享用年夜饭。爷爷奶奶脸上洋溢着幸福的笑容，享受着天伦之乐。然而，这份宁静并未持续太久。餐至中途，爷爷突然面露痛苦之色，原本红润的脸色变得苍白如纸，眉头紧锁，痛苦无助的眼神令人揪心。餐桌上欢声笑语戛然而止，取而代之的是慌乱与手足无措。

二叔看着父亲痛苦的样子，嘴唇颤抖，欲言又止。他的眼神中充满了恐惧与愧疚——他知道这很可能是因为自己豆角没烧熟导致的。短暂犹豫后，他终于结结巴巴地说出："可能是因为豆角没煮熟，父亲食物中毒了。"那盆豆角就放在爷爷面前，二叔身体颤抖，心中满是自责。

情况紧急，必须立刻送爷爷去医院。二叔心急如焚地冲向自己的车，手忙脚乱地启动车子，大家也迅速将爷爷抬上车。但天不遂人愿，车子在公路上行驶了一会儿后竟停了下来。二叔定睛一看，才发现仪表盘上油表指针已接近底线，他这才想起自己之前拖着没去加油，本想着过完年再去，却没想到在这个关键时刻出了差错。

四周漆黑一片，寒风撞击在玻璃上发出诡异的声音。远处村子里的鞭炮声依旧噼里啪啦地响着，但在我们听来却显得虚幻。二叔坐在驾驶座上，双手紧握头发，眼神空洞地望着前方，心中充满了无助与懊悔。他狠捶了一下自己的大腿，不停地责备着自己的拖延。

短暂思考后，二叔决定自己跑回村里找人帮忙。就在这万分危急之时，一道光向我们照了过来。有人！我们不约而同地下车站在路边呼救。没过一会，一辆小轿车被我们拦停了下来。幸好司机是个热心肠，看到爷爷痛苦的神态，便主动提出帮忙。二叔赶紧把爷爷扶上车，跟着司机将爷爷送到医院。

匆匆赶到医院，爷爷躺在医用推车上被医护人员迅速送入急救室。二叔在急救室外的走廊上来回踱步，眼神中满是煎熬。他时而望向急救室的门，时而揉搓着头发，最终难以站立，只能背靠墙壁缓缓瘫坐在地上。

经过一番紧张的洗胃等救治措施，爷爷的情况终于稳定了下来。他躺在病床上，脸色依旧苍白，但眼神已有了些许光彩。他看到二叔，眼中闪过一丝愤怒，嘴唇微微颤抖着。就在这时，主治医生走了过来。他表情严肃地看了看爷爷，又看了看病历，缓缓说道："经过检查，这次食物中毒可能是因为过夜的木耳，大过年的你们怎么这么不小心！"

病房里，爷爷沉默不语，只是看了眼医生递来的病历，半晌无言，脸上的神色由愠怒转为懊悔。原来，前一天晚上爷爷想炒木耳，便把木耳泡发上了，可因为拖延，一直到今天才做了个银杏木耳汤，却没想到木耳过夜后产生了毒素。

在医院照顾爷爷的日子里，二叔格外勤快和细心。他每天都为爷爷轻轻擦拭身体，仔细聆听医生的嘱咐，按时为爷爷喂药。尽管中毒的主要原因并不是半生不熟的豆角，但他依旧在弥补自己差点酿成的大祸。

随着时间的推移，爷爷的身体逐渐康复，生活也慢慢回到了正轨。但这次的经历却时刻提醒着我。每当我想要拖延的时候，脑海中就会浮现出那个慌乱的夜晚和爷爷痛苦的神情，这成为我心中长鸣不息的警钟。

# 如何让目标不再半途而废

*李睿秋Lachel*

### 设定一个有趣的起点

如果想在新年伊始设立目标，那就不要立太多的目标，可以把目标拆成小块，均匀地分摊到一年中的不同时期，并为它们设定一个有趣的起点。

比如，你想在新的一年让自己拥有更健康的身体，那就可以试着把目标分解成三个：开始锻炼，均衡饮食，调整作息。

然后，把这三个目标分别设定到三个不同的时期。比如：

把开始锻炼的起点设定在元旦，告诉自己："从新的一年开始，多活动，少久坐，让身体更灵活。"

把均衡饮食的起点设定在春分，告诉自己："万物复苏，好好调整自己的饮食，让自己焕发生命力。"

把调整作息的起点设定在夏至，告诉自己："早睡早起，沐浴更多的阳光，让身体跟大自然更好地连接起来。"

### 描绘有吸引力的愿景

去描绘你想达到的愿景，越具体越好。越具体、越详细，大脑就越容易对它"信以为真"，从而调整对它的价值判断。

比如，你想改造自己的旧房子，但觉得既麻烦又费钱，一直难以下定决心，拖了两三年。如何迈过这道坎？不妨多畅想一下自己的旧房子装修改造之后的结果：改造之后会是什么样子？我可以在改造后的房子里做些什么？现在的生活中有哪些问题和困扰，在房子改造后就不复存在了？

你可以浏览一些漂亮房屋的视频和图片，观看别人的房屋改造过程，一步步揣摩和勾勒自己心目中新家的样子。

你甚至可以做一个计划。改造之后是不是可以有一个小小的书房？可以关上门，在里面工作、学习；夏天开窗通风，看窗外的景色；冬天泡上一壶茶，坐在椅子上，惬意地晒太阳。

或者，是不是可以有一个小小的西式厨房？可以动手尝试不同的菜谱，做几份糕点、汤羹……

这可以不断地为你提供动力，让你在"长期耕耘"的道路上一步步向前迈进。

## 定性，而不是定量

从微小的行为开始，关注自己的行动，让行动慢慢成为习惯，而不是关注行动的结果，刻意去规定自己"要做到什么"。

比如，你想培养读书的习惯，比起"每天至少要读半个小时书"来说，"每天洗完澡就拿起书读一下"和"每天起床后就读几页书"，是更好的选择。

你想培养学习的习惯，那比起"每天要做两页笔记"来说，"读书时要留意自己的想法"和"把自己想到的东西随时记录下来"，是更好的做法。

你想培养写作的习惯，那比起"每天要写一千字"来说，"每天把自己学到的内容，用自己的话写出来"是更好的做法。

它们的区别在于，前者关注的是结果，用是否实现结果来衡量我们是否成功；后者关注的是行为，用是否采取行动来衡量。只要你去做了，哪怕结果未必令人满意，那也是好的，因为你又朝着自己想要的方向前进了一步。

良好的目标设定，应该是定性的，而不是定量的。它是指导自己生活的方向，而不是出题去刻意为难自己。有效的成长是，知道好的方向是什么、在哪里，并为自己设下"行动信条"，让自己朝这个方向前进。

### 用好"支持部落"的力量

许多想设定目标和计划的朋友会遇到一个问题：要不要把目标告诉别人呢？

我经常提的建议是，找几位跟你志同道合、能聊到一起的朋友，建一个群，每个人说一个简单的、想去改变或想养成的习惯，然后定期在群里互相交流、打气、监督。没有做到的人，可以接受小小的惩罚。

再进一步，你们还可以在群里交流和分享自己的成长，让每个人清晰地看到其他人的进步，从而形成持续性的动力。

如果你没有这样的朋友，那么加入一个线上或线下的社群，也是一个不错的选择。你可以报名参加一些小一点的、紧密一点的团体，通过培养与团体联系的紧密度，让你把"培养习惯"这件事放到更高的优先级上。

这就是一个"支持部落"。它可以成为你汲取力量、建立信心的不竭来源。

### 不要重复过去的失败

如果目标没达成，有这样两种可能：一是你设定的目标不够合理，跟你的生活和行为模式格格不入；二是你采取的方式有问题，它也许过于低效，也许缺乏反馈，也许过于复杂，使得你难以持续践行下去。

所以，不要重复设定相同的目标，你要做的，是问自己：为什么我设定的目标没有达成？目标的设定是合理且必要的吗？我采取了哪些有效的行动？遇到了什么问题？有哪些行动是需要调整和改进的？

基于复盘的结果，再调整目标，把已经被验证有效的行动保留下来，去改进那些无效的、遇到问题的行动，让自己用新的方式达到新的目标。

不要重复过去的失败，你要做的，是从失败中更好地了解自己，明白自己的性格、喜好、习惯、行为模式，理解自己喜欢什么样的方式，有什么样的需求，适合什么样的行动。把过去的失败，变成自己升级的"技能点"。

# 习惯是最小的行动单位

刘 轩

要跟谁学习养成好习惯呢？最好的学习对象，其实就是你自己。我们其实都有不少好习惯，只不过没太在意它们，如果认真去研究一下，你就能看到一些端倪。

我来举一个例子。刷牙应该是 99% 的读者都早已养成的好习惯。请你想想，为什么刷牙能够成为一个好习惯？

首先，它是一个很简单的事情，你很快就能完成。以一组行动来说，它是一个最基本的单位，而且有很明确的目标。我们都会按照习惯，把上下排的牙齿刷完，如果只刷了一半就停下，一定会觉得浑身不对劲，就像上厕所上了一半的感觉，对不对？

"简单、具体，能够一气呵成的行为程序"，就是好习惯的基本单位。

很多人希望养成好习惯的时候，只给自己设定一个很大很远的目标，并没有设计具体的实现步骤。

这是很关键的，同时也是多数人会搞错的观念。我们可能会在年初给自己设定一个目标，把理想结果定在遥远的一年后。但是，如果你无法把这个目标变成行动计划，那这顶多只能说是一个愿望，而仅凭愿望是无法养成习惯的。

把你要养成的习惯，先分解成最基本的行为程序，而且最好是每一天都能执行的。这样最容易让大脑把事情认定为"惯性动作"，变成一个你不太需要思考也可以完成的事情。

所以，不要说"我要多运动"，要说"我要每天运动30分钟"；不要说"我要多阅读"，要说"我要每天阅读1小时"或"阅读20页"；不要说"我要学英文"，要说"我每天要用在线课程学习5个单词，并做10道习题"。

你可以用时间、数量、行为来设定这个习惯，越具体越好。

刷牙能够变成这么自然的习惯，还有一个原因：它很方便。

想想，我们早上起来都会先上厕所。一走进厕所，看到牙刷、牙膏都在杯子里，当然就顺手拿起来刷了。

同样，当你要把一个行为程序养成习惯时，就要让那个程序越方便执行越好。举例来说，如果你想养成每天早起运动的习惯，就应该在前一晚准备好运动的衣物，放在床边，一早起来就可以立刻穿好，不需要再打开衣柜去找。因为如果你还要花时间去找的话，睡眼惺忪的你搞不好就会找着找着，找回被窝里去了。我把这个称为"清空跑道"，把任何可能导致分心的障碍都尽量排除。

我之前训练自己早起的时候，发现对我最有帮助的一个小习惯，就是睡前先倒一杯水，放在床头柜上。闹钟一响，我只要稍微起身，就可以马上拿起杯子，喝完一大杯水，自然也就清醒了一半。这种能够让自己轻松执行的小习惯，我称之为"推动行为"。

能够维持习惯的人，除了有毅力，还能够为自己设计出一个更有利于维持习惯的流程，让整个过程能够一气呵成。

我们要清空跑道和设计推动行为，并不是因为缺乏意志力。我相信你的意志力一点儿都不比我弱。但日复一日，总会有意兴阑珊的时候。这时候我们如果还要停下来思考，这个暂停的片刻就很容易让人分心而失去动力。清空跑道、建立推动行为，就是让我们把这种阻力降到最低。

我有一个朋友，原来很胖，想养成跑步的习惯。一开始，他规定自己每天都要跑，但每天都那么累、那么忙，只要想到还要出门跑步，就放弃了。

后来，他用"最小行动单位"的观念，设定了一个再简单不过的行为，简单到如果自己做不到，就太对不起自己：每天下班回家后，他只要穿上球鞋、绑好鞋带，然后走到家门口就好了。这总可以办到吧！

而奇妙的是，他往往穿好鞋，走到门口，也就顺便走出去了。现在，他已经养成了跑步的习惯，还挑战了马拉松！

这就叫作"可行的最小付出"。如果你发现自己无法养成一个习惯时，可以试着把其中一个步骤拆出来，先挑战自己把这个最小的行动单位养成习惯。但设定这个行为时，你要跟自己承诺：无论如何，每天都要做到！

# 21天如何养成一个好习惯

编译者：莫庄非

20世纪50年代，一位名叫麦克斯威尔·马尔茨的整形外科医生注意到，他的许多患者需要花费大约21天的时间才能使自己习惯手术后新的面部特征，例如植入了软骨的鼻子或大幅展开的眼角。观察到这种有趣的现象后，马尔茨开始了对自己生活习惯的总结，并且惊奇地发现，接受过截肢手术的人同样需要21天左右的时间才能适应新生活。

这些观察所得最终帮助马尔茨于20世纪60年代出版了他那本广受赞誉的《心理控制术》。马尔茨在书中指出："精神世界的某些破旧立新至少需要21天的时间。"这本书已累计销售超过3000万册，且依然畅销。自那以后，"21天"开始被高频复读。研讨会、互助会、电视节目、成功学演说里都讲述着21天的奥妙。

不过有一个关键问题，那就是"21天改变习惯"并非统计学事实。马尔茨从未使用科学方法开展过严谨的研究，其所谓的调研数据充其量只能算以轶事作为证据。

为此，有学者进行了科学调查。伦敦大学学院的菲利帕·拉利等人在《欧洲社会心理学杂志》发表文章，指出新习惯养成绝非21天之功，其真实的时间成本因人而异，而且差异极大。

拉利等人招募了 96 名志愿者，并要求每个人都尝试养成一项自己有意愿养成的新习惯。一些参与者选择养成的习惯非常简单，例如"在午餐时喝一瓶水"；还有一些人想尝试更具挑战性的事，例如"晚饭前跑步 15 分钟"。之后，志愿者需要在 12 周时间内每天报告自己的进展。

12 周后，观察结束，研究团队使用统计方法分析了收集到的数据，并得出结论：养成新习惯所需的时间从 18 天到 254 天不等。研究者表示："人们达到无意识边界所需的时间存在相当大的差异，养成新习惯可能需要很长时间。"这种差异自有其道理，毕竟每个人发生改变的动机和意愿的强烈程度各不相同。

有些人可能因为某一段直击内心的情感经历让精神世界变得翻天覆地，那么他的自我改变也可能有着一夜暴富或一夜白头式的张力；有的人则能平稳过渡，基于生活经验有条不紊地解决阻碍改变的路障，养成新习惯。

此外，拉利和同事还发现，改变过程中开几天小差并不会显著影响习惯的养成。换句话说，你不必每日强迫自己顺从于新习惯，不必因为适当"违规"地放松而有负罪感。没错，把握住大方向就够了。

# 别让碎片化信息，杀死你的专注力

装大雷

我们可以细细回顾一下白天的生活：

早上非常不情愿地从床上爬起来，做完一系列杂事，开始上课或者上班。

打开手机或者电脑，作为一个靠谱的人，先查看电子邮件，看看今天有没有新的任务和使命。

查完邮件，你突然被邮箱页面上的一则大衣广告吸引，轻轻一点，页面就到达购物网站。

然后你想起，身边有个朋友好像穿过这件大衣，还上传了图片，你决定去社交网站看一看。

接着你开始刷社交网站信息，然后再次被什么内容吸引，接着看下去。

正在网络世界遨游的你，不经意间瞟了下时间，已经快到中午了。

你暗暗骂了自己几句，恨恨地想下午一定好好工作或学习。

下午你终于能开始工作了，其实你知道自己根本没法平静下来。总有一种想上网娱乐的冲动，但是自己又在竭力克制。

在这种煎熬中，终于到了下课或下班时间。

如释重负的同时，一种深深的疲累感袭上心头，再看看完成的任务，却还在孕育之中。

你觉得，这个世界不会再好了。

熟悉吗？对于很多人来说，这就是生活的常态。

## 小黑屋里的小人儿

毫无疑问，在网络迅猛发展的今天，我们正在享受它带来的便利。我们不用翻山越岭就能看望亲人和朋友，我们不用逛遍商场就能找到心仪的商品，我们不用读书看报就能在第一时间了解整个世界发生了什么，我们不用在图书馆的书架上翻阅就能找到想读的书籍。这一切在很多时候，只需轻轻一点即可完成。社交、购物和获取信息都是如此容易，这世界让人兴奋得不知所以。

于是，你有了一个格外繁忙和疲累的大脑。疲累多来源于注意力的不断转换。想象一下，你的大脑是一间黑暗的房子，外部世界是温暖的阳光，注意力是这间房子唯一的窗户，房子里有一个小人儿在操纵着这扇窗户。当我们集中注意力的时候，小人儿扶着窗户几乎不动，忘情地享受着外界的阳光；当我们需要转移注意力的时候，小人儿抱起窗户转移到房间的另一个地方，等待着阳光来临。以前的日子里，小人儿过得很从容，因为他几乎不怎么移动。而在网络时代，你能想象出小人儿过着怎样悲惨的生活吗？他在不断地移动窗户，有时候还需要以百米冲刺的速度，跑呀跑呀，手酸了，腿麻了，最后却发现其实也没有多少阳光照射进来，屋子里还是黑暗潮湿得厉害。

累吗？当然。

注意力绝对是被人们忽略并被滥用的资源。是的，注意力是一种宝贵的资源，是外界环境进入人的意识的大门。什么能够进入，在很大程度上决定了我们是什么样的人以及我们未来的发展，但是能够意识到这一点的人很少。我们花了很多的心思来管理自己的金钱、时间和人际关系，偏偏对自己的注意力这一隐性资源视而不见。是该好好了解注意力的时候了。

## 40分钟理论

人的注意力是有限的。研究表明，人们的注意力和认知力都有一定的限度，就像一台电脑的处理器一样，如果开启的任务太多，速度就会变慢甚至崩溃死机。就算是专注于一件事，成年人大约只能持续40分钟，儿童能持续专注的时间相对更短。

世界著名媒体文化研究者和批评家尼尔·波兹曼在《娱乐至死》中提出，随着新媒介的发展，信息爆炸大大增加了人们"分心"的机会，所以人们能专注的时间在缩短。2012年，网络写手"和菜头"曾宣称要退出微博一段时间，并在其博文中写道："现在这个世界基本上是一个由信息碎片所构成的大型显示屏，完整的信息已经非常少见。"想必也是意识到碎片化信息所带来的注意力碎片化，专注能力的下降让其感到焦虑。因为没有了专注力，人们还能完成什么任务呢？

## 鸡尾酒效应

关于注意力，很多人会有疑问：为什么我们会注意到一些事情，而忽略其他的事情呢？不着急找答案。现在我们来设想，你正在一个朋友聚会场合穿梭，周围的人在窃窃私语。突然你好像听到有人说到你的名字，但是又没有听清楚他们说的是什么。这就是一个典型的"选择性注意"的例子。为什么你会对自己的名字如此敏感呢？首先，名字对你来说是再熟悉不过的了，注意力倾向于捕捉那些我们熟悉的信息；其次，受自我中心主义的影响，人对于和自己相关的信息比较敏感，当听到自己的名字时，会不由自主地想："那两个人在说什么？不会是说我的坏话吧？"这就是心理学中著名的"鸡尾酒效应"。

关于注意力的选择性，心理学家还做了很多实验。其中一个比较经典的实验叫"双耳分听"。心理学家让受试者戴上耳机，耳机的左右两边播放着不同的内容（词语），最后检查受试者对词语的记忆。实验的结果发现，受试者的两耳都能听到一些内容，但是某只耳朵会更占优势。也就是说，注意力确实存在一定的选择性。

存在选择就存在竞争，也许你还没有意识到，注意力已经成为需要抢夺的重要资源。比如网上突然爆出某明星的负面新闻，或有关某明星私生活的新闻。这样的新闻的出现往往意味着最近有这个明星参演的新电影上映或者有他的新歌发布。这是我们都知道的商业炒作方式。有人就问了，既然是宣传，为什么多是负面的？这难道不会引起人们对电影或歌曲的反感吗？当然会存在这个问题，但是商家考虑得更多的是吸引你的眼球，抢夺你的注意力。他们要的是你对这件事产生印象，而民众喜欢关注八卦的心理无疑是抢夺眼球的着眼点。除此之外，因为暴力、色情等内容更容易引发人们的关注，所以很多商家就会利用人性的弱点进行炒作，目标就瞄准了你的注意力和金钱。人们的注意力就像一个幼稚的孩子，会不断被各种刺激吸引并控制，这在网络信息爆炸的时代表现得尤其明显。如果我们一味地放纵自己的注意力，使其游走于不同的刺激之中，不再花时间思考和学习，我们会变得疲累，甚至愚笨。

### 注意力修复理论

生活中有 6% ~ 7% 的人想集中注意力却没有办法。他们很容易走神，从一个任务跳到另一个任务，他们坐不住，很难集中自己的注意力做事情。这种情况在儿童，特别是男孩中比较常见，他们往往是让家长和老师头疼的孩子。这样的问题不仅仅会出现在儿童身上，很多成年人也深受无法控制自身注意力的影响，而这个问题往往被我们忽视。有意思的是，研究发现注意力缺乏的人非常喜欢看电视。研究者在对注意力障碍和网络成瘾的关系研究中发现，两者存在显著的正相关，即对注意力的管理能力越差的人越容易形成网瘾。细想这两个结论，我们不难发现，电视和网络等新媒介给人们提供了分散注意力的机会，对人们的注意力形成了巨大威胁。

注意力分散不仅会影响我们做事情的效率，还会影响我们的精神健康状态。一旦意识到注意力是一种珍贵的资源，我们就要学会好好管理它。环境心理学家 Rachel 和 Stephen Kaplan 在 1980 年提出了"注意力修复理论"，他们认为人们精神上的疲累多表现为注意力不能集中，因此恢复注意力应该成为减压的重点。他们的研究结果表明，要想恢复注意力，甚至提高注意力，就得到大自然中去。

除了到自然中去，在这个信息爆炸、注意力极易分散的时代里，我们应该学会做自己的主人。针对互联网的利弊，有学者说：互联网让聪明的人更聪明，让愚笨的人更愚笨。

# 别让假努力偷走了你的青春

淮 叙

一张张密密麻麻的成绩单被分发到每个人的手中，只有班级前十名的名字被特别标注出来。我焦急地在成绩单中寻找自己的信息，随着手指缓缓滑向纸张的末端，我的心也随之沉入深渊。在倒数的几个名次中，我终于找到了自己。面对这样的成绩，我感到无比羞愧，双颊绯红，几乎不敢抬头正视他人。

我曾在班上名列前茅，然而进入高中后，我逐渐沦为班级的"凤尾"。我望向前排，发现若凡也和我一样低垂着头，我隐约察觉到她的成绩同样不尽如人意。我们从小一起长大，共同考入这所重点高中，如今却一同陷入困境。我的心情五味杂陈，既有失意的灰心，也有从顶尖滑落的不甘，但更多的，是一种不屈的斗志。我们几乎同时望向对方，眼神中透露出共同的决心：找回属于我们的辉煌。

我在笔记本的首页，用醒目的红色笔迹写下几个大字："我们要一起考去南京！"这座曾深深吸引我们的梦想之城，再次点燃了我们内心的斗志，赋予了我们拼搏的勇气。若凡迅速在纸上写下自己的计划，从各科分数到年级排名，每一个小目标都被清晰地记录下来；而我则用不同颜色的笔穿插书写着我们的总结，每一条改进方法都精细入微，填满了整个页面。这些不同的笔迹仿佛一块块砖石，铺就了我们即将闯荡的漫漫长路。在落款处，"小悠和若凡"的签名充满了豪情壮志，将我们紧紧相连。

我开始收敛起平日的闹腾，终日坐在教室里埋头苦读。即使外界的喧闹试图分散我的注意力，内心的愧疚感也会立刻将我拉回到堆满习题的桌前。若凡总是沉浸在学习之中，她的努力第一次让我感到压力。我渴望与她共同进步，但想要拉开差距的焦虑却让我更加难以静心思考，只想着如何才能追上她的步伐。

相比于那些外人看不见的难题钻研，我更享受捷径带来的"成功"。然而，我并没有意识到，当初我们一起写下的宏伟目标、一起制定的精细计划，已经在我追求捷径的过程中悄然偏离了方向。努力对我来说，不再是为了攻坚克难、吃透每一个知识点，而是为了不断堆叠的错题本和老师的赞誉。

当新的成绩单再次送到手中时，若凡的名字已经悄然出现在众人眼前，尽管只是非匿名栏的最后一列。而我，却在老师的赞颂中迷失了自己，深信我的努力会带来好的结果。当现实无情地戳破了我的幻想时，我却仍然不愿醒来。我向若凡哭诉，愤慨命运的不公，期望她能像从前一样与我共鸣。

然而，若凡却用充满担忧的眼神对我说："小悠，你真的弄明白那些你写的错题了吗？"质疑的语气深深刺痛了我，每一个字都像是对我的否定。我赌上了自己最后的尊严，将矛头指向她："当然！你这么说只是嫉妒我一直以来受到的表扬吧！"若凡没想到我会这样说，她欲言又止，最终选择了沉默。

我继续走在偏离计划的方向上，圆着自我进步的谎言。偶尔抬头望见若凡孤军奋战的背影时，我的心头会泛起一阵难以言表的落寞。黄昏的风吹动着笔记本的每一页，定格在我们共同写过计划的那一页。落款处的"小悠和若凡"五个小字映入我的眼帘，在我的眼中渐渐被放大，占据了我全部的视线。不知从何时起，我已经背弃了我们共同的目标，将我们的梦想置之脑后。书页上五色的笔记是我们曾一起书写的未来，脚踏实地的进步是我们为自己立下的目标。然而，现在的我却陷入了虚假的荣光中，忘记了刻苦的意义。我自以为的努力，不过是自欺欺人的借口而已。

　　我终于明白，真正的努力从来不该浮于表面、屈从于虚假的荣光，而是在一笔一画的累积间走向自我突破的高峰。只有这样，才算是不负青春。

　　我拍了拍若凡的肩膀，将答案送到她面前说："对不起，我之前没弄懂，现在你看看这样的解题思路是正确的吗？"她在纸张上圈圈画画后，最终落笔成一个大写的"√"。那一笔，最终勾勒出我全新的起点。它如同一张蓄力的弓，宣示着我脚踏实地的努力；又如离弦之箭，飞跃千里，直至我们梦想的城门。

人生没有白走的路，
每一步都算数

# 翻越人生的浪浪山

李雨凝

2023年"五一"假期，四川人张楠用5天爬完了五岳。在这趟五岳之行中，张楠把登山比作"翻越人生的浪浪山"，就像生活一样，可能是一重重的翻越、受困与再次翻越，而所谓的答案，也许只有向前看才能找到。

以下内容根据张楠的讲述整理。

## 一

5月3日是我出门的第5天，也是我这次五岳之行的最后一天，这一天我要爬华山。前4天，我分别爬完了南岳衡山、中岳嵩山、东岳泰山、北岳恒山，只差西岳华山，就能集齐五岳。

华山自古一条路，在这一条路上，大部分时间里，人的身体两侧都是悬崖，人几乎只在中间的山脊行走。我回头看，突然也就明白了大家为什么要在夜晚爬山。在山顶看日出是不错，但另一个原因大概率是晚上看不到周围的环境，就不会恐高了。

在冲顶之前，我还要翻过百尺峡和千尺幢，这连着的两个地方是爬华山最险要的两关，都是那种几乎90度垂直于地面的险峻的石梯，我只能手脚并用，拉着两边的铁索把自己的身体向上带。爬完这一段，我喘得上气不接下气。

但我知道，我必须往前走，赶往下一座东峰。10年前，我就和当时大学里的6个兄弟姐妹来过华山，那次我们上午10点出发，下午5点才下山，因此错过了爬东峰。这次五岳之行的初衷，便是弥补上次的遗憾。

等我爬到山顶，天却开始下雨，山顶雾气一片，什么都看不到。那条人只能踩着一尺宽的木板贴着悬崖走的有名的长空栈道，也因维修暂停开放。等我爬上西峰主峰莲花峰时，雨更大了，我站在山顶往外看，只能看到一片云海。

本来觉得有点遗憾，但当我真的置身在云雾中时，也就释然了。千百年前的一个雨天，那些在山里修道的人看到的，和我今天看到的，不也是差不多的风景吗？

## 二

在路上，我也跟偶遇的人谈起过5天爬五岳这个计划，大部分人都觉得很疯狂。但做计划时，我觉得是可行的。

为了这趟旅行，我做了一个详细的计划。按照不走回头路的原则，从成都出发，南岳衡山是第一站，然后是中岳嵩山、东岳泰山、北岳恒山，最后一天爬完西岳华山，正好从陕西回四川。

我一共准备了3个方案。因为这次旅行中要买大量的车票，"五一"又是出行高峰，A计划里我就写下全部可以乘坐的、时间适合的列车班次；B计划就是抢不上车票的那几站需要的出行办法，比如买候补车票和搭乘顺风车；C计划就是带上我的驾照，实在不行也能租车开过去。后来这一路实践的时候，95%的行程还是能按照计划进行。

在选衣服这件事上，我也有一点小小的仪式感。我了解一点中国传统文化，知道五岳的方位对应了五行，又查了资料，发现五行也正好对应白、青、黑、赤、黄五种颜色，就想到根据五岳对应的五行，穿相应颜色的短袖。

## 三

好多人看到我这次旅行，都觉得我一定是一个狂热的爬山爱好者。其实不是。我真正喜欢的旅行方式，是跟朋友一起自驾，我还是坐副驾的那个。但这一路上，我也遇到了自驾可能碰不到的风景和人。

从山东去北京中转的路上，一位假期去首都看女儿的阿姨看我吃泡面太可怜，拿出了自家做的油饼分给我。那个饼里面放了野菜和肉，又裹了鸡蛋，和之前吃过的煎饼、烙饼都不一样，我吃得特别香。

在出蜀的路上，我也一直能看到不同的景色。湖南俊秀，中原给人的感觉又不一样。早上我在长沙到郑州的火车上醒来看向窗外时，能看到朝阳洒在一马平川的平原而不见人烟。这些都和我的家乡成都不一样。

河南山上长的树比湖南的要矮小一点，刚刚能覆盖住上山步道。从我上山的视角看过去，嵩山是灰白色的，但也不全是灰白，一片一片的岩石又衬托出不同颜色的绿，有深一些的暗绿，也有五月初、刚下过雨之后萌芽的新绿。西边的华山颜色又更厚重一点，是墨绿色的。

爬山会让人想到很多古诗，尤其是爬五岳之首泰山。爬到十八盘，那是泰山登山路中最险要的一段，白居易有一句"回头下望人寰处，不见长安见尘雾"。我之前一直不太理解"人寰"到底是什么意思，但爬过十八盘回头看时，突然就懂了。等真正登顶，我看到的就是杜甫笔下的"会当凌绝顶，一览众山小"。那个瞬间，人就会自然而然地觉得之前的所有疲累，都因为这个瞬间而值得了。

## 四

我的人生目标，一个是想在 35 岁前游遍中国，另一个就是要在这辈子游遍世界。今年，我又给自己设置了一个全年逃离成都 40 次的计划，基本上也是每周末都要出门。

我在爬泰山的时候，想到了《中国奇谭》那个系列的动画。在《小妖怪的夏天》这一集里，小猪妖出生在浪浪山，也想逃离浪浪山。对我们来说，泰山也可以是浪浪山。有很多人去爬山，都是因为不满足于自己的现状，想要去突破一下自己，等征服了这座山就可以说，这么难的泰山我都能征服，那现实生活中小的困难我也一定能克服，这样就会有动力。同理，华山、嵩山还有恒山，都可以是我们的浪浪山。

我还要去东南亚、欧罗巴，这个目标听起来很大，但就像跑马拉松一样，把每一段都设置成一个小目标，慢慢完成，最后总能到达想去的远方。

古时有徐霞客等探险家名留青史，我的目标是做个"张霞客"。我能写诗，也会记录，如果在千百年后，大家能评价我既是伟大的旅行者，又是诗人，那就太好了。

# 决定命运的成绩单

格 非

1980 年夏天，我参加了第一次高考，毫无意外地，我落榜了——化学和物理都没有超过 40 分。母亲决意让我去当木匠。

当时木匠还是个很让人羡慕的职业。我们当地有很多有名的木匠，但我母亲请不到，她请了家里的一个亲戚。这个木匠因着自己是学手艺的，觉得自己特别牛，很是凶悍。他对我母亲说："这个孩子笨手笨脚的，学不出来的，我要是打他你会舍得吗？"母亲只得说："你打吧。"我很不喜欢这个跷着腿坐在木椅上的人——我和他无冤无仇，他为什么要打我？我就对母亲说："我要考大学，而且要考重点大学。"母亲睁大了眼睛："孩子，你怎么能说这样的话呢？你连门都没有摸到呢，你要是考上大学，我们都要笑死了。"

就在我灰了心，要去当木匠学徒的时候，一个镇上的小学老师，姓翟，敲开了我家的门。他与我非亲非故，素不相识。我至今仍然不知他是如何挨家挨户寻访到我们村的。我依然清晰地记得，当时夜已经很深了，大家都睡了。他戴着草帽，站在门外，把我母亲吓了一跳。他劈头就说："你想不想读谏壁中学？"那是我们当地最好的中学，我当然是很愿意的。他说可以把我引荐给他那里的一位朋友。

当我拿着翟老师的亲笔信到了谏壁中学，他的那位朋友却告诉我，语文、数学必须拿到 60 分，不然无法进入补习班。他说："让我看看你的高考成绩单。"

在决定命运的时候，我的脑子还算比较清醒。我知道我的成绩根本不能进入这个补习班，我也知道无论如何都不能够把口袋里的成绩单给他看。于是我说："我把成绩单弄丢了。"

"你可以去县文教局，你去查一查，把分数抄回来。"他说，然后给了我一个地址。

县文教局在镇江，青云门六号。在马路边上，我只要随便跳上一辆公共汽车，就可以回到家，永远地做一个木匠的学徒。可是如果我去县文教局呢？结果是一样的，我还是会得到一个一模一样的成绩单，还是无法进入谏壁中学，还是要返回家乡，做一个学徒，为我的师傅搓好热毛巾，听任他打骂。

我徘徊了两个小时。以我的性格而言，我其实是一个很保守的人，不会轻易冒险，不会去做一些我觉得非分的事情。我觉得我 90% 是要回家的。我根本没有去过镇江。它对于我的家乡而言，是一个大城市，太远了，而且去了我也不知道那个地方在哪里。这些对我都是无法逾越的理由。但那一次，不知道是什么原因，我鬼使神差地登上了去镇江的过路车。

到了县文教局，正好是下班时间，传达室的老头冷冷地说："现在下班了，你不能进去。"

我想，也罢，我进去又有什么用呢？在我打算掉头离开的时候，有人叫住了我："小鬼，你有什么事？"

我看见两个人，一男一女，往外面走。我说我的高考成绩单丢了，能不能帮我补一下。

男的说："下班了，明天再来吧。"

女的则说："我们还是帮他补办一下吧，反正也不耽误时间。"

他们把我带回办公室，帮我查找档案，又问我办这样的成绩单有什么用处。

我沉默了一下，突然说："我的成绩单没有丢。"

"那你来这里干什么？"他们显然有些生气了。

我于是讲了高考的落榜，讲了自己很想去谏壁中学补习，但是没有达到他们要求的分数线。我说："我一定要读这个补习班，去考大学。"

那个女的说："这怎么行！"男的不吭气儿，他抽着烟，盘算了好一会儿。他让我出去等回话。十分钟后，他说："唉，帮他办了。"

我那时很小，16岁，穿的衣服很破旧。大概他是因此萌发了帮助之心。

他们问我："需要多少分？"我说："语文70分，数学80分。"说完了很后悔，因为这个分数已经可以考上大学了。我又把分数改了过来，语文68分，数学70分。写完了之后要盖章，但在这个节骨眼上，公章突然找不到了。

他们翻遍了抽屉，打开又合上。这对于一个小孩子来说，可能是最紧张的时候。没有公章不是完了吗？事实上公章就在他们手边，大概是当时大家都太紧张了吧。

女的盖完了章，轻轻说了一句："苟富贵，无相忘。"我的眼泪一下子就流出来了。那是我迄今为止见过的最美丽的女性。我的感激出于如下理由：她竟然还会假设我将来有出息。

我似乎没有说什么感激的话，拿着成绩单，飞跑着离开了。我一天都没有吃饭，等回到家的时候，人已经都快虚脱了。

第二年我再次参加高考，考入上海华东师范大学中文系，开始了在大学的求学之路。

对我而言，生活实在是太奇妙了，它是由无数的偶然构成的。你永远无法想象，会有什么人出现，前来帮助你。

# 别人以你看待自己的方式看你

町 原

有一天，在馒头睡着的时候，我们偷偷地在他脸上画了一只乌龟。他醒了之后，并没有发觉，照常在寺庙里走动。刚好当天有很多信徒来寺庙里朝拜，大家看见馒头脸上的乌龟图案，都笑得合不上嘴。馒头本来就长得胖，人们都说他长得喜庆。他自己不知缘由，看见人们纷纷捧腹大笑，他也跟着笑了起来，然后继续在寺庙里到处行走。

馒头在路上遇见了老和尚，老和尚也不禁对着馒头笑。馒头挠挠头，自言自语地说："怎么今天大家看见我都那么开心呢？"老和尚于是把馒头带到池塘边的石头上，然后坐在上面，温和地问馒头："徒弟，你觉得自己长得如何呢？"馒头咧嘴笑道："嗯，我就像他们喊的那样，长得像一个馒头。"老和尚道："那你觉得是因为你长得喜庆而让人发笑呢，还是因为你太胖而引起别人耻笑呢？"馒头吞吞口水，说："师父，大家跟我又没仇，干吗要耻笑我啊？再说馒头不是很好吗？看着还可以止饿呢！大家肯定是因为我长得喜庆，所以才快乐地笑！"老和尚微笑着点点头，然后掏出手帕，轻轻地把馒头脸上的乌龟图案擦去。馒头不明所以。老和尚柔声道："徒弟，你脸上有些汗，为师帮你擦掉了。"

我和山宁躲在门廊后，看着这师徒的一举一动，为师父的细腻和慈悲而感动，也为馒头的那种乐观、自信、豁达而开心。我也随之陷入了沉思。

我少年时特别胖，最害怕上体育课，因为要跑步。总觉得人们会在身后嘲笑我："你看，那胖子的屁股和大腿，真够肥啊！"后来到了初中，我快速长高，人也瘦了很多。我虽然不再肥胖，但依然害怕上体育课，依然害怕听到"胖"和"肥"这些字眼，依然觉得整个世界的人都在用异样的眼神看着我。无论怎么照镜子，我都觉得自己依旧是小时候的那个"胖小鸭"。

长大后，我上过电视，做过模特，甚至还成了兼职健身教练，才慢慢认识到自己已不再是"胖子"了。但这么多年来，我仍承受着"胖子"带来的巨大阴影，如今想来，自己怎么就那么傻呢？

据说，如果我们的心足够虔诚，就可以在西藏纳木错湖的湖面上看到自己的前生后世。于是，无论天气有多冷，每年都会有很多人带着一颗不怎么纯洁但一定虔诚的心来到纳木错。人们踮起脚尖，俯身去望平静的纳木错湖的湖面，心挂前生，心念后世，心足够纯时，就可以看见自己"前生后世"的样子。有一天，我跟一个喇嘛好友聊起此事，他笑呵呵地说道："欲知前生，且看当下；欲知后世，还看当下。"我好奇地问："请问真的可以看到前生后世吗？"喇嘛依旧笑呵呵地说："你看自己是什么样子，湖面就倒映出什么样子。"

世界并没有我们想象得那么差。这缤纷红尘，对于一个淡然的人而言就是纯净的纳木错湖湖面，干净得可以吞下天上的万千云朵。所以，我们最不需要在乎的就是别人看我们的目光，但我们必须在乎的是自己看待自己的方式。你的心若凋零，他人自轻视；你的心若绽放，他人自赞叹。

人言不足畏，最怕妄自菲薄，就如一朵莲花一样，出淤泥而不染——你若看看水上倒影，便会明白，世人看到的是一朵骄傲而美丽的纯洁之花。所以当我们以自信的态度看待自己，在别人的眼里，当下的你就是最美的。我有一个朋友，虽然面容并非很美，甚至有雀斑等瑕疵，但她每日醒来时都会跟自己说："你看，你多美。"并且精心打扮自己，自信地面对同事和朋友。佛说，我们的心就像一面镜子。世间万象，都是镜子所幻化出来的。自己怎么幻想自己的样子，世间人在镜子里看到的自己就是什么样子。修行不是让自己幻化成"佛"，而是让自己认识到自己是一面"镜子"。世间万物、荣辱名利等无非只是过眼云烟，心不随境转，自己就能成为自己的"佛"。

山宁碰了碰我的肩膀，示意我馒头发现了我们。馒头笑呵呵地走过来，拍着我的肩膀说："走，喝茶去。"

# 我曾经很害怕演讲

闫　晗

　　小学四年级时，我还是个经常站在"C位"的人，代表班级参加学校的"学雷锋"主题演讲比赛，并且得了第一名。那篇演讲稿是我妈妈写的，她是五年级的语文老师，我只是将演讲稿背诵下来，再大声地表达出来。那个时候我留着童花头，站在学校操场前的台子上，带着一种孩童式的强大的自信心，把台下的人都当成土豆，并不在意自己背了什么。

　　小学阶段的我总考第一名，作为好学生得到过很多夸奖，就会自我感觉良好，仿佛世界上没有我不擅长的事情。后来有一次在课间上厕所的路上，我偶然听到几个五年级的男生对我指指点点，然后用一种揶揄的口吻重复我演讲稿中的几句话："我虽然长得矮小，但是我不怕吃苦……"后面是一些夸自己的话。在小学生那些充满正能量的演讲稿里，拿自己当正面典型、对自己多些溢美之词是普遍存在的，我原本并未觉得有什么不妥，但经过他们的演绎，就一下子感到自己有些可笑。我不敢看他们，但那种哂笑的表情我能想象出来，便红着脸迅速跑远了。这一幕一直停留在我的记忆里，有种说不出来的感觉，一个疑问在我心头盘桓——当众讲话会被他人攻击吗？

　　学生时代再一次想参加演讲比赛已经是高中一年级了。那次演讲是先在班里进行选拔，选出一个人代表班级参加全校的比赛。班上参与选拔的同学并不多，只有我和语文课代表李淼两人。我用了好几节自习课认真写稿子，并修改了好几稿，念得很熟，感觉自己志在必得。

选拔开始了。早自习时我先朗读了一遍，由于时间不充足，李淼的朗读改在了下午课外活动时间进行。没想到的是，她临时跟我说："我没有写稿子，能不能也读你的？"我有些诧异，但我不是一个擅长拒绝的人，虽然不情愿，也只好点点头。

那天，李淼穿得很漂亮，她拿着我的稿子信步走上讲台，没有直接读，而是先说了一段开场白："不好意思，这篇稿子我只看过一遍，可能不太熟，我觉得演讲最重要的是一个人的台风和气质。"这段话让我心中的不适又增加了几分。是的，她长得好看，穿戴入时，可她读得没什么感情，甚至有点磕巴。演讲比赛不是拼外表，而应该看演讲水平吧？

最后的投票结果出乎我的意料，李淼胜出了。我的心拔凉拔凉的，但规则就是这样，我只能接受。班上有几个跟我走得比较近的同学，私下里纷纷表示诧异和愤愤不平，并且跟我分析了一些可能导致我失败的原因：比如，两个人朗读的时间隔得远，大家都忘了我早上的表现，而且李淼强调稿子只看了一遍，她不熟悉情有可原；还有，李淼今天带了一些零食分给大家吃，这肯定是为了拉票，以前可从来没见过她带零食和同学们分享。另外，她们批评我，为什么同意李淼读我的稿子。

我听着她们七嘴八舌地分析，并不知道分析得对不对，糟糕的心情也并没有得到纾解，反而陷入虚无和落寞中，被强大的孤独感包裹。

李淼和我来自同一所初中，虽不曾深交，但维持着见面打招呼的交情。这种交情对我来说没有任何好处，因为她会很自然地开口跟我提要求，内向的我却从不好意思要求她做什么。参加学校演讲比赛时，李淼还是要求用我写的稿子，我依然无法说不——或许是为了班级的荣誉，或许觉得"写都写了"，又或许因为我骨子里是个很软弱的人。

比赛那天，我坐在台下。李淼穿着一件红色的连衣裙，一脸自信，稿子已经背熟，比上次的表现确实好很多。但是，还不够好，该读出的抑扬顿挫没有读出来，好几个句子没读好。最终她是第六名。如果换成是我上台，会不会更好一些呢？我无从知晓。

那只是一次很小的比赛，小到不值一提，高中的学习生活紧张忙碌，大家很快就忘记了。我早已经忘记了那次演讲的主题和内容，但依然清楚地记得当时自己内心的纠结与不快。

为什么我那么在意那一次演讲比赛呢？回想起来，或许是因为高一年级时我很不快乐。我们那一届学生是在全市范围内选拔的尖子生，高手云集，我不再像初中时那样轻易就能出类拔萃，感受到了泯然众人的挫败。这让我产生了巨大的心理落差，急于找到一个方式证明自己，可惜我失败了。这次失败给我留下了后遗症，我开始觉得自己长得丑，并因此产生了自卑心理。我也开始怀疑自己的能力，甚至想，也许小学四年级那一次得奖，不过是因为我妈妈是学校的老师。

我开始深深地厌恶自己——我为什么不能拒绝李淼的要求？那样即使失败，也干脆些，不会混杂着这些琐碎的伤感。人一切的痛苦都源于对自己无能的愤怒。理想中的我是明亮、友善和大度的，当时的我明明做不到大度，却装作满不在乎，这种伪装消耗了我很多的心理能量。

直到工作之后，有一年单位评选优秀员工，要做三分钟的工作业绩陈述，我如临大敌，想起了高中一年级的自己。我又面临着被评判的风险、失败的风险、内心再度受挫的风险。我认真准备讲稿，私下里做好练习。还好，那次我做得还不错，足以重建一些自信，治愈曾经的创伤。最重要的是，从此以后，对演讲这件事，我终于不那么怕了。后来，我又进行了很多次演讲，也不再觉得恐惧。我慢慢懂得，不必太在意每一个听众的想法，多寻找机会，慢慢练习，总会变好的。

前一阵跟某个中学时的朋友一起吃饭，聊起从前，我突然想起李淼，提了几句当年的事情。我郑重地说了一句："当年我不喜欢她。"朋友略微不解地看着我，因为这件事情听起来有点不值一提，而我向来是一个温和的人，对人不会表达如此强烈的好恶。但说完这句话，我长舒一口气，感觉与当年的自己彻底和解了。

没有人知道，那件很小的事情居然在我的内心世界引发过一场海啸。青春期的我们，都那么矫情、自负又自卑。而我经历这一切的意义在于，我更加了解自己的情绪，也能够体谅他人细小的痛苦，变成一个日益开阔的人。如今的我，与 16 岁的自己心目中理想的样子差不多。

# 高中三年，1000 根水笔芯见证了我的努力

**久久不等猫**

在馨月湖畔悠然漫步，我与友人偶遇一群洋溢着青春气息的生面孔，他们正与父母欢笑着拍照留念。友人轻声感叹："又是开学季，真怀念高中时光啊。"我沉默不语，目光却不由自主地落在了一对笑得尤为灿烂的母女身上。那位刚入学的小姑娘，一手紧握入学登记表，一手兴奋地指向湖中的天鹅，她身旁的母亲脸上也洋溢着惊奇与喜悦。

"终于脱离苦海了，哈哈。"友人也被这份喜悦感染，掐着腰笑道，"我记得我高中时卷子堆得老高了，你呢？"

那一刻，我的思绪飘回了那段充满挑战与奋斗的岁月，想起了那装满纸箱的 1000 根水笔芯，它们见证了我三年的努力与坚持。

一

那年我刚刚升入高中，在电风扇旋转的噪声之中昏昏欲睡，对那时的我来说，等待下课铃响便是世上最难熬的事。而我的同桌，却总能聚精会神地聆听每一堂课，仿佛整个世界都为之静止。

我曾问她："你这么努力，万一没有回报呢？万一有人嘲笑你的努力未能

取得好成绩呢？"

她只是淡淡地回答："我不想那么多。"

那时的我尚显稚嫩，未能深刻理解其中的真谛。然而，看着她日复一日地努力，用笔尖填满书页的空白，我逐渐被她感染。我开始意识到，努力并非为了别人的认可，而是为了自己的成长与进步。于是，我暗暗下定决心，将用过的笔芯收集起来，作为自己努力的见证。

每个人都在攀爬山峰的路上，有的人坚持着向上，有的人停留在半路歇息。刚开始攀登坡度并不算大，走起来也不累。当你每上升一点，抬起头来瞭望远方时，总会看到与原来不尽相同的壮丽景色，近处的松树，远处的群山，更远一些的苍穹，会令你眼花缭乱。

## 二

学习仅仅靠兴趣是完全不够的。兴趣本就是一种极不稳定的东西，随寒暑阴晴变更。被一次打击压下，兴趣也就完了。

最近用完的笔芯出奇地多，一摞一摞快要堆成了山，但与之相反的，几次月考的成绩并不理想。

老师有些着急，把我叫到办公室里，问："怎么回事，最近的状态怎么不好？"

我有些委屈，从前的兴趣早已消散，如今的我越学越累。每天机械式的记忆练习不再管用，似乎越学越迷茫。

"不知道，但我明明练习了很多，写了很多卷子，笔芯用得都很快。"

老师问："这次英语的阅读错了很多，你上次背单词是在什么时候？"

"我好像没怎么关心单词。"

我忽然明白了，我太过关心"表面上的努力"，一旦兴趣消失，就会对知识失去欲望，只是单单和别人做同样的事，维持努力的假象，实际上对哪里有漏洞，哪里需要改进一概不知，如同在黑夜中漂泊，自我感觉在向前，其实只是在原地兜圈子罢了。

到这时，学习的痛苦便逐渐显露出来了。它的苦在于无所知的困惑，在于无所寻的迷茫，如同一艘不断渗水的巨轮，在伸手不见五指的浓雾中游荡。你不知道渗水处在哪里，没有人可以画个圈圈告诉你，只能通过一次次练习自己摸索。

弥补完缺洞后，大船一边测量水深，一边向岸边紧张焦灼地前进。那段时间用尽了多少笔芯，我甚至有些记不清了，天与海被不断拉长，周围只剩下海水翻涌的声音。

三

临近高考，教室里不知不觉换了一种氛围，表面的平静下隐藏着焦躁、恐惧与期待。太阳一天比一天毒辣，跟着墙上的高考倒计时一起灼烧。渐渐地，身边有人开始支撑不住，有的在恐惧中失眠，有的在惶恐中放弃，有的在躁动中不安。

我写完一套卷子，偶然间瞄到了正在纸上画画的同学，再望望前方的倒计时，有些不可置信地问："已经复习好了吗？这么悠闲。"

"没有，摆烂了，考成啥样算啥样。"

坚持到终点确实很难。或许人人都经历过这个时刻，越到终点越想放弃，越是紧要关头越想逃走。压力如同翻滚的浪潮，让人不自禁在失眠中去想虚无缥缈的未来，去想寸步难行的现在，而后在第二天顶着黑眼圈决定放弃掌舵，任由巨浪将船拍向终点。

不过在多年之后，你会感谢自己在最容易放弃的时候选择坚持。行百里者半九十，坚持必须一以贯之。6月7日，当我坐在考场上时，并没有什么令人恐惧不安的东西出现，只是像过往那无数次模拟一样，写名、看题、动笔、交卷。在写完英语作文的最后一个单词之后，我放下笔，环顾四周，甚至有些不敢相信这场为之准备了十多年的考试就快要结束了。从这时起，过往已成过往，全新的人生将要开启。

我把箱子里用过的笔芯全都倒了出来，一根一根地计算好，如此竟数了1000多根。这些笔芯几乎贯穿了我高中所有的日子。从初学时的兴趣，到疲惫时的彷徨，再到终点线前的冲刺，不变的，是持之以恒的努力。

愿我们都能像一颗种子一样，在静默中积蓄力量，有朝一日破土而出，绽放出属于自己的光彩。

# 游戏可以重开，但人生不能重来

*伍野渡*

在公园的一隅，三位身着校服的学生正热烈讨论着游戏策略："你快点推塔啊，躲在草丛里干吗？""我在埋伏呢，你不懂！""投降吧，下一局，这把赢不了了，队友太坑了！"这番对话，不禁让我想起了七年前，我的侄子也曾是这般模样，将青春岁月耗费在了虚拟的游戏世界里。

## 一

2017 年，侄子正值高二，毅然选择了文科。起初，他的父亲并不同意，毕竟在小县城的传统家庭里，男孩子学文科总会引来不少非议。但侄子的坚持加上我的劝说，最终还是让他的父亲妥协了。

高二那年，学生们还需面对决定能否毕业的学业水平考试。我恰好担任文科班的物理老师，深知这些已选择文科的学生对物化生等理科课程已不再重视。学业水平考试的题目相对简单，对他们而言，能及格便能过关。因此，每次走进文科班的教室，我都感到头疼不已。课堂上，吃零食、看闲书、打游戏的学生比比皆是。侄子坐在后排，个子高挑，打游戏时总是把头埋得很低。

我曾多次没收后排男生的手机，交给班主任处理，但收效甚微。他们总是屡教不改，不过好在学业水平考试的模拟成绩还算不错，我也就只好睁一只眼闭一只眼。然而，高二下学期，随着第二轮高考模拟的临近，班主任刘老师告诉我："XXX 最近成绩下滑得很厉害！"

我意识到问题的严重性，便将侄子上课打游戏的事情告诉了他的父亲。他父亲是个直性子，脾气火暴。那天，他当着众多老师的面，摔碎了侄子的手机，甚至想动手教训他，最终被我拦了下来。他父亲怒吼道："你打游戏可以重开，但你的人生呢？"那一刻，侄子低下了头，涨红的脸庞透露出复杂的情绪，是羞耻？是痛恨？我无法分辨。

## 二

我以为那天之后，侄子会有所改变，但我低估了网络游戏对他的吸引力。其实，每一代人的青春都有让人上瘾的东西，我年轻时也曾沉迷于《红警》《魔兽世界》等游戏，输了大不了重来一局。但侄子却因此荒废了学业，最终辍了学。

那年五月，我去侄子工作的化工厂探望他。那里机器轰鸣，空气中弥漫着嘈杂声和工人的低语。厂房昏暗而拥挤，几盏微弱的日光灯勉强照亮了狭窄的过道。工作台上，工人们低头忙碌，动作机械而迅速。侄子于 2018 年高三时休学，2022 年加入了这家化工厂，每天进行长达十二个小时的两班倒作业。

车间内温度忽冷忽热，尽管有空调，但长时间运行导致空气质量极差，灰尘和化学品的味道让人喉咙发痒，呼吸不畅。我见到侄子时，他正穿着一身工装，低头安装着零部件。过早地踏入社会，他的眼神已经失去了光芒。我问他是否后悔，他无奈地回答："后悔又怎么样？叔叔，终究是回不去了。"

三

互联网时代的浪潮滚滚向前，游戏层出不穷，不再被妖魔化，甚至登上了亚运会成为电竞赛事。如今的高中生，人手一台手机，课堂上偷偷玩游戏的现象已屡见不鲜。他们当然知道高考的重要性，但自制力差的学生，难以抵挡游戏带来的短期快乐。

对于这样的学生，我们常用的处理方式无非是劝解、没收手机、叫家长。而我，作为高强度的互联网冲浪选手，最近从学生口中听到了一个有趣的名词——"地球 Online"①。现在，不少年轻人把我们生活的世界比作一个超大型游戏，地图面积高达 5.1 亿平方公里，至今已开服 46 亿年，全球近 80 亿玩家同时在线。但在这个游戏中，没有重开按钮。

游戏中的失败可以重来，但人生中的每一个决定都可能改变未来的走向。一旦做出选择，便难以逆转。正如古人所言："路漫漫其修远兮，吾将上下而求索。"在"地球 Online"这个游戏里，每一个选择都代表着一种可能性。读书时代的选择尤为重要，继续深造意味着更多的知识和技能；辍学打工或创业则意味着承担更大的风险和责任。

无论选择哪条路，都要明白，这条路上的风景是独一无二的，错过便不再来。因此，在做出选择时，我们要考虑的不仅仅是个人的利益，还有对周围人的影响。一个不负责任的选择，可能会给自己带来一时的便利，但更有可能给自己和他人带来长久的困扰。

所以，我们要慎重对待每一个决定。即使有时做出了错误的选择，也不要轻易放弃。人生没有重开的按钮，但我们可以通过不断地努力和调整，弥补过去的不足，迎接更好的未来。正如那句古话所说："亡羊而补牢，未为迟

---

① 地球 Online：网络流行语，将现实生活比喻为大型多人在线角色扮演游戏。

也。"每一次选择都是一次成长的机会，每一次决定都是一次自我超越的过程。

正是这种唯一性和不可逆性，赋予了人生独特的价值。愿你珍惜每一次选择，活出无悔人生！

# 备战清华的 1976 个小时

杨尚雯

一

清华东路上的红绿灯显得格外漫长，北京城一天中最后的日光在川流不息的车辆间跳跃，闪烁着金色的光芒。我坐在返回清华的大巴上，渐渐地陷入了沉睡。车外的喧嚣与刺眼的日光被隔绝在车窗之外，只有隐约传来的手表滴答声在我耳边回荡，伴随着我进入梦乡。

二

当我在高中教室惨白的灯光下醒来时，发现同桌的手表正静静地躺在我的耳边。午休时间，教室里只有我们两个人在沉睡。原来，我又梦回了那段备战清华的日子。

刚进入高中时，我对紧张的学习气氛和生活节奏感到难以适应，不知该如何调整。但得益于良好的学习习惯，即便压力巨大，我也始终紧跟老师的教学节奏，认真听课、记笔记。对于短时间内无法掌握的知识，我也一丝不苟地记录下来。经过前两个学年的扎实积累，我在高三的总复习中迎来了成绩的提升。这时，我才真正相信了那句话：只要积累时不急于求成、不轻易放弃，成功总有一日会到来。

高考前的最后三个月，我进入了冲刺的关键期。我仔细计算了可利用的时间，整整1976个小时。

我将高一、高二的笔记合并，把总复习阶段的新收获勤勤恳恳地补充进去。空闲时间，我总是捧着笔记反复翻看，直到烂熟于心。我深知，冲刺阶段的状态把控至关重要，稍有不慎，巅峰状态就会迅速消失。因此，我在时间安排上花费了大量心思，尽量减少在饮食和娱乐活动上的时间，家人和好友也体谅地为我留出了更多的学习时间。

那是一段前所未有的孤单时期，但也是我感受到自己能量最充沛的时候。我清晰地记得，有一个寒冷的三月夜晚，我在教室不知不觉待到了凌晨。做完第三套卷子后，我才回过神来，发现脚趾已经被寒意浸透，失去了知觉。那时正好是月假，同学们都已回家，而我却没有回家的计划。看着夜色中静谧的学校，我思绪万千。高一高二的压力、青春期的烦恼、与家人朋友的争执与和解……过去所有困扰我整个高中时期的问题，在"我要上清华"的强烈信念面前统统烟消云散。那一刻，我进入了前所未有的"满格状态"，内心感到前所未有的踏实和安宁。就像一个在黎明之际呼着寒气坚强站起的战士，不为胜利欢呼，只为自己的坚毅意志而热泪盈眶。

三

我以为这样就能心无旁骛地走向最终的目标，直到班上最后一次布置志愿墙。

这次的要求发生了变化，不能填写目标院校，而要写下自己的理想。我感到有些矛盾，心想理想不就是学校吗？于是我还是贴上了我唯一的答案：上清华。

晚自习时，老师在教室门外询问我，如果不能进入清北，还有什么其他的想法？目标专业是什么？喜欢的领域有哪些？想进入什么行业、做什么样的事情？

我发现自己一片茫然。清华园在我眼中具体而生动，北京是我梦见过许多次的"故土"。然而，除了清华，我对自己的未来没有任何设想。我仿佛只是为了清华，又或者说只是为了高考的"最高荣耀"而奔跑，却从未思考过考上清华之后的路该如何走。回到教室后，我认真地注视着每一个同学，大家神色疲惫但全神贯注。我看到了他们眼中熊熊燃烧的火焰，那是对梦想的狂热追求。可是——

那火焰是我们自己点燃的吗？

那是我们问过自己内心，真正为自己点燃的吗？

那天晚上，我做了一个梦。我走进清华大名鼎鼎的二校门，连青砖白柱上的缝隙都看得清清楚楚。因为我知道，我一定会靠着自己的信念，用力地、持续地、无穷无尽地跨越这道门槛，高喊着"前进！前进！"直到清华的风真正拍打在我的脸上。我为之前所有迷茫时刻所做的狠心选择感到迟来的痛苦和快意。

第二天，我再次走进了老师的办公室。我发现，上大学虽然简单，学习虽然单纯，但随着教育的深入和选择的增多，我越来越感到困惑。老师听了我的话和我的梦后，脸上露出了欣慰的笑容。她说："学业有限，人生无限。当你知道如何为自己的真正所求而活，真正看见自己、在乎自己的存在和梦想，而不是让自己的选择充满他人的影子时，你才不仅仅会走向清华，更会走向生命的真正顶峰。"

## 四

我相信，那最后三个月里的 1976 个小时对我的一生都产生了深远的影响。在这段时间里，我努力地接受教育、超越自我、追求卓越。最终，我接受了真正的自我教育，成为一个崭新而饱满的自己，圆满地结束了高中生涯。

如何认识和总结这段备战清华的岁月呢？

除了实干、磨砺、坚定信念、高效能这些早已耳熟能详的关键词外，正确地认识教育的意义、成长路径的尽头，以及为自己的付出赋予真正的意义，同样无比重要。

考上清华只是人生的一个阶段，无论结果如何，生活都要继续。我们所有的付出，即使只是为了内心的安宁和坚定，即使没有任何外在的收获，也是值得的。在那些备战清华、备战明天、备战人生的战役里，唯一的战士就是唯一的胜利英雄。当黎明的曙光到来之时，你会发现，这份无上的荣誉永远属于你自己。

# 当一切成了死局，读书就成了破局的路

陈 峰

今夜，月光皎洁，我与妻子难得在阳台上共度一段宁静的时光。我们品茶、赏月，畅谈家事与生活近况，话题不断。妻子向我提及了一则关于我们多年前共同关注过的男孩——庞众望的消息。庞众望，一个被清华大学录取的学子，他的家庭背景异常艰难：母亲身患重病，常年瘫痪；父亲精神异常，无法自理；家庭的重担全落在年迈的爷爷奶奶肩上。

对于大多数孩子来说，这样的家庭环境足以让他们感到绝望。然而，庞众望从未觉得自己的家庭是不幸的。他笑着面对采访，说自己的家庭与大多数家庭无异，只是经济条件稍差一些。家庭的困境反而激发了他的斗志，墙上的奖状见证了他的努力与坚持。

读书，成为庞众望改变命运的唯一出路。他早起晚睡，捡废品换取学费，每天步行十几里路去上学。无论环境多么恶劣，他从未放弃对知识的渴望。因此，当他被清华大学录取时，人们并不感到惊讶，认为这是他应得的回报，他是众人眼中的"寒门贵子"。

然而，在当今社会，竟然还存在"读书无用论"的观点。我对此深恶痛绝。那些认为读书无用的人，显然没有真正体会到读书的意义。读书不仅有用，更是弱者变强的法宝。它充盈我们的头脑，让我们在面对困难时更加从容自信。

有人说："当一切成为死局时，读书就是破局的路。"我深以为然。这句话道出了读书的重要性和目的。读书，可以是通读一篇文章或一本书，也可以是点滴积累各方面的知识。但无论哪种方式，其核心都在于让我们通过读书获得面对一切的自信。正如名人所言："书籍是人类进步的阶梯。"在困境中多读书，就是为自己搭建一架逃离困境的阶梯。

回想起自己曾经历的人生低谷，我深感读书的力量。那段时间，我的稿件连续被退回，心情低落至极。更糟糕的是，疼爱我的爷爷去世了。

一时之间，我根本无法接受这个消息。坐在动车上回家奔丧的我，望着窗外的天与它一同哭泣。

看着往日里最爱的爷爷，成了不远处山上的一堆黄土，我终于再也无法承受，我开始整天颓废，每天干得最多的事就是望着那处山头。

突然间，我似乎失去了我赖以生存的能力——写作的能力。每当提起笔，常常是磋磨一天，仍旧写不出两三个字。我想我的生活陷入了彻底的死局之中，前路迷茫。我发疯似的寻找一切可以解脱我目前处境的方法，直到妻子的一句话点醒了我："你已经多久没有真正地读一本书了？"我猛然意识到，自己虽然一直在写，但已经太久没有好好读书了。我的知识储备已经枯竭，需要新的东西来补充。于是，我停下笔，再次拿起书本。书香弥漫，我仿佛干枯的树木重新焕发生机。读书让我找回了自信，让我看到了前方的希望。

人生如一场旅途，我们无法选择开始，也无法预知结束。在旅途中，我们可能会一帆风顺，也可能会陷入四面楚歌的困境。但请记住，当你真正处在困境中，一切都是死局时，读书就是最好的破局之法。它不仅能给予我们知识，更能给予我们面对困境的勇气和智慧。

# 高考对我们到底意味着什么

艾 润

一

表弟考上了研究生，打电话给我报喜，语气里是难掩的激动。他说："姐姐，你不是想去海边城市吗？我要在这样的城市待三年呢，你可以来找我玩。"

我一边开心地满口应下，一边在心里琢磨自己对海边城市的向往是什么时候产生的。

之所以有这样一个想法，是因为那年我心心念念想考的大学就在那样的城市里。我心目中的它临海而立，风满时能抖动一袖春光，而我，一定可以在海水拍击岸边的时候，打捞起不灭的梦想。

年少的我们，谈梦想是完全不庸俗的事情，并且我特别喜欢为梦想建造一个依托。就像我，其实是想去那所大学，却觉得因为有海的衬托，它似乎多了些神秘感，让我的梦想更加熠熠生辉。

作为一个在北方长大、从来没见过的人，那所坐落于沿海城市的大学，成了我心中通往未来的秘密通道。

可惜的是，我到底也没能走进这条秘密通道。

那一年高考，我的成绩差到羞于向人提起。

我在家里鼓起勇气跟爸妈讨价还价，虽然羞愧的我好像并不具备这样的资格，但还是梗着脖子坚持，好像脾气硬一点儿，就能掩饰内心的脆弱。

我一会儿说我要去读技校，一会儿说我要去打工。爸妈反反复复只有一句话："你必须复读。"我说我不去，转身就躲在房间里哭。

我并不是真的不想复读，只是不知道如何面对那样难堪的分数，那和我一贯的成绩不符。我甚至想自己可能是不适合高考的，否则为什么明明每次月考的成绩都不错，却在高考的时候溃不成军呢？我更害怕一旦复读的结果也不好，我没有勇气面对爸妈，面对我自己。

最后让我决定去复读的是爸爸。他不再强制要求我去复读，也从不对我说"我们是为你好"这样的话。他只是天天抱着学校发的那本报考指南。那么厚的一本书，我都懒得翻，可爸爸每天都在翻看，从早到晚，认认真真地研究每一个专业，还要咨询从事教育工作的亲戚。

他说："哪一类的学校都好，只要可以收到录取通知书就行。你不可以不读书，你才十八岁，不知道未来还有多长。如果停在这里，你就有可能一直停在这里了。你现在还不明白这样的选择对未来的那个你，是多么不负责任。"

爸爸垂着头，坐在那里，翻着册子。有时候会招手问我："你来看看，这个学校怎么样，你不是喜欢英语吗？英语专业好不好？"

我突然就绷不住了。我低着头，瓮声瓮气地说："爸爸，我去复读。"

其实还有一句话卡在嗓子眼儿里没说出来："对不起，谢谢你。"

对不起，我不能让你们骄傲，还让你们操碎了心。谢谢你，包容我的肆无忌惮和不懂事。

## 二

八月份去复读，夏天还正当道，热得理直气壮。能容纳一百人的复读班，黑压压地坐满了人。桌子上的习题集，像是长了一双双深不可测的眼睛。

如果还有比高三更惶恐的时光，那一定是"高四"。

我选择了最后一排靠近角落的位置，旁边没人，好像那样才不会被打扰。我就那样带着惶恐，重复过着一日又一日。

一个月后，我有了同桌。她来的那天，背着一个巨大的书包，鼻梁上架着副大眼镜，周身写满了俩字：严肃。我想跟她打招呼的心立马有点儿受惊，不动声色地把我的书往里面挪了挪，以便给她腾出足够用的空间。

谁知她竟然发现了，她挠了挠头，说："不用不用，我可以放在桌子底下，哪里都是地方嘛。"她指了指我们桌子下面的踏板，露出开怀的笑。

就是那个笑容，让我觉得这个姑娘一定和我不一样，她应该是心甘情愿来复读的。据我观察，心甘情愿来复读的人一般会具备这样的特质：上一次高考成绩很不错，但是因为没考进自己心仪的学校，故而打算"二战"。

所以，我试探着问了她的成绩，以为会得到一个让我惊叹的数字。可这次，她有点儿不好意思地笑了。其实，她中途退学了，因为没考上好大学，就出去打工了。后来又想读书，干脆又回来了。

她没有再说下去。

可接下来她所有的勤奋都在诉说着对重返校园的感恩。因为有一年没读书，落下的课程比较多，她每天都要花费比别人更多的时间学习。晚上不舍得睡觉，早上早早起床。有了这样一个勤奋的同桌做参照，我也变得更加用心。

那一年留给我的唯一印象就是试卷，成沓的试卷。数学老师走到我身边的时候会顺道帮我解一道题，英语老师会问我前一天的试卷有没有写完。还有同桌那双每天睡六个小时还能神采奕奕的眼睛。

第二次高考结束后，我问同桌，到底是怎么做到那么有精神的。她说："因为我经历过……在工厂工作的时候，我曾经每天连续站十几个小时不合眼。那时候，我问自己，是不是这就是我以后的人生了？曾经，所有人都说高考不是唯一的出路，我也这么觉得。"

"可后来我才意识到，高考不是唯一的出路的意思是，在高考之外，你有能力选择更好的路。可惜，我并没有。就那么慌慌张张地一脚踏出去，才发现外面的世界根本没给我双脚站立的机会。"

那是我第二次领略到她的严肃。

我想起爸爸对我说过的话，大概也是这样的意思。

那一年，我和同桌终于收到了大学录取通知书。虽然依旧不是我向往的沿海大学，也不是她刻在书桌右侧的"北京，北京"。

但重要的是，我们真正懂得了为自己做选择的意思。不是孤注一掷，不是忌惮未来，而是心有所盼，并能为心中所盼真真正正去努力。

三

读大学的时候，我特意去了我向往的那所学校，在校门口拍了张照片。周围是来来往往的学生，脸上带着熟知周边事物的云淡风轻。

而我，作为一个局外人，对一切充满了好奇，绕着校园走了一圈又一圈，恨不得记下每一个建筑物的名字。同行的朋友问："你喜欢这个学校啊？"

我点点头，又摇摇头。确切地说，不只是喜欢那么简单。一如当年的那个我，向往的不仅仅是一所大学和一片海，还有更多的未知。而如今的我，已经有了足够的勇气去探索每一个未知，剩下的就只有释怀。

我们对一种东西生出渴望，往往是因为遥不可及。

我们对一个选择生出胆怯，往往是因为害怕承担结果。

可当你勇敢地踏出去的时候，你会突然发现，渴望完全可以化为前进的动力。而选择，也不过是人生众多选择中的一项，你需要的只是直面它。

后来，当我遇到有人向我诉说不知该如何面对、如何选择的时候，我都会把当年爸爸对我说的话告诉他们，千万不要让你的选择成为让你停在这里的枷锁。你明明可以成为一把钥匙，为自己开锁，何不继续往前呢？

不管是高考，还是人生。

最差不过是一路告别一路失望，可失望过后又会有希望，告别之后也会有新生。谁又不是在鼓起勇气面对一切未知呢？

亲爱的，你要走，不要停。

# 如果选择偷懒

〔美〕博·布莉吉特　乔凯凯　译

　　我的父亲是一名退役军官，他喜欢用一套自创的规则来训练我和哥哥。没错，是训练，而不是锻炼。除了教我们各种技能，他还会不定期对我们进行考核。更糟糕的是，如果没有通过考核，我们将会受到惩罚。

　　我六岁的时候，我们搬了新家，我和哥哥终于拥有了各自独立的房间。我们兴奋地把自己的东西搬回房间。父亲突然说："我们来一场比赛吧，看谁先把房间整理好。"父亲的命令从来不需要质疑，更没有商讨的余地，马上去做才是最正确的选择。我和哥哥立刻回到房间开始整理东西。

　　几分钟后，我开始烦躁起来，需要整理的东西太多了，大到四季要穿的衣服、鞋子、帽子，小到书籍、铅笔、指甲刀，可能需要两三个小时才能完成。

　　我很想赢得这场比赛，就想到一个办法。我把衣物全部装进衣柜里，书籍塞到书架上，至于那些零碎的生活用品，则全部放在了抽屉和箱子里。省略了整理和归类，我只用了半个小时就完成了所有的工作。

　　哥哥则用了将近两个小时才把房间整理好。很显然，和我相比，他落了下风。我看着父亲，脸上带着胜利者的微笑，等待他宣布比赛的结果。

"嘿，小伙子们，我现在需要一把剪刀。"父亲终于开口了，他狡黠地笑着说，"比赛才刚刚开始哦。"

尽管我和哥哥都在第一时间跑回自己的房间，但我几乎可以确定，我输掉了比赛。我有三个抽屉和两个箱子，我完全不记得自己把剪刀放在了哪里。

我的哥哥只用了一分钟，就把剪刀递到了父亲手里。最后，父亲宣布哥哥赢得了这场比赛。虽然已经预料到了这个结果，但我还是很沮丧。

"孩子，你只完成了一部分，而且是最简单的一部分。"父亲看着我说，"整理房间最重要的并不是把东西塞起来，使得房间看起来很整齐，而是在你需要某种物品的时候，能够快速地找出来。"

父亲说得很有道理，我心甘情愿接受惩罚。经过这场比赛，我学会的不仅仅是如何整理房间，还有更多。正如父亲所说："无论做什么事情，如果一开始你选择偷懒，之后就会有很多麻烦；如果一开始你选择用心，到后面就会越来越容易。"

# 用什么对抗生活

沫　沫

你跟我说某个人多么优秀、多么出色，我可能还不感兴趣，但若说到他有个不一样的特质，我就会感兴趣。因为这些才是可以学习的。

有位作家是个家庭主妇，人到中年才开始写作，每天都写，从未停下来过。家里有四个孩子，忙完孩子的事就去写作，也不认为自己写得多好。她说："生活琐琐碎碎，写作也就是出口。我每天对自己的写作有个定量，强迫自己完成。这和年龄增长有关，人们开始强迫自己做某些事情。配合写作的是每天步行五公里。如果我知道有哪天我没有办法走那么多，我必须在其他时间把它补回来。"她说，这其实是在保护自己，这么做会让人觉得，如果你遵守所有好的规矩和习惯，就没有什么可以打败你。

她的作品写得好不好我并不关心，我也没看过她的作品，但我真的要为她的好习惯喝彩。

村上春树从未间断过长跑，他只是为了锻炼自己的耐力。他说，跑步时可以做很多事情，可以思考，可以听音乐，可以漫无目的地放松，可以呼吸到新鲜空气……我不认为自己喜欢村上的书，但我倒是欣赏他的生活方式。到一定年龄，才知道人真的需要坚持点什么来"对抗"生活中的无能为力。

没有人天生是奇才，只是他们一定有个好习惯让他们看起来不那么失败。他们有自己对抗世界的方式，这个方式不是抱怨，不是愤世嫉俗，而是悄悄地改变自己。

著名作家卡夫卡当了一辈子公司小职员，但这并不妨碍他成为一个作家。卡夫卡不当这个职员，也许写得更多，但也可能写得更少，无所成就。所以，你处于什么位置，其实并不重要，重要的只是一种个人的品性。只有倒闭的企业，没有倒闭的个人。卡夫卡只是安安分分地当个小职员，业余做点喜欢的事，互不干扰，用敏锐的视角观察生活。

看过蔡澜先生在文章中提到的一件小事：他去一家餐厅吃饭，看到一个小伙扮成小丑，用气球扎出各式各样的动物图形，把来吃饭的孩子逗得很开心。他每周来两次，每次一个小时，一次七百元，这只是他的副业，他的主业是送快递。蔡澜先生问他怎么学得的这一手绝活儿，小伙笑着说，自学，买书自学，多试几次就会了，可以增补收入，还能让别人开心，何乐而不为？蔡澜先生佩服不已。他如果只是抱怨他爹妈拼不过别人、工作太辛苦，整天愁眉苦脸，那么他的生活过得怎样就可想而知了。他有属于自己的"对抗"世界的方式。

木心先生说，如果研究麻将，坚持研究五年，你都会不一样。试着钻研一件事情，对抗生活，除了动嘴，找点别的方式吧。

再说一件不起眼的事。我的一位友人说她父亲看上去特别年轻，为什么？老人每天饭后散步时会带上一把熟花生米，几十年都这样。花生米，这么简单，但你试试每天吃，试试把枯燥的事重复一千遍吧。

前几天，有朋友推荐我看谭元元的芭蕾舞视频，她说她每天早上起来时就要看这么一段，享受毛孔被唤醒的感觉。谭元元的名气我不太了解，但我记住了她在某次访谈中说的一段话："比如你一个星期休息两天，但你如果超过两天不训练，第三天你就会觉得什么地方不对劲了。每天训练，肌肉对你的动作产生记忆，形成自然反应。一旦你停下来，这种肌肉反应马上就减弱了。所以舞蹈最辛苦的不是动作，而是日复一日，重复做着已经做过无数次的动作。仅此而已。"

# 为什么越努力的人越焦虑

陶瓷兔子

前段时间，应一位做老师的朋友邀请，我去一所中学做了一个小型的分享会。结束之后，一个高三的女孩在教室门口拦住我，眼圈红红地问："姐姐，我两次模拟考都考得不太好，肯定是考不上重点大学，找不到好工作了，我这辈子是不是就没希望了？"

我立刻调动起全身的鸡血给女孩加油打气。她走了之后，站在身边的朋友戳了戳我，说："你知道吗？这个女孩可是我们年级的前十名，她特别拼，据说每天晚上都学到凌晨一两点，宿舍熄灯了，她就搬着小凳子在楼道做题。"

"都前十名了还愁成这样，这也是老'凡尔赛'了。"我忍不住感慨了一句。

"可不是！现在情况反过来了，越是成绩好的学生越容易焦虑，反而不如成绩一般的孩子沉得住气。"朋友摇摇头，叹了一口气。

有趣的是，这种现象其实并不仅仅存在于这所学校，更不局限在中学，在我有限的经验中，无论是在大学里，还是在职场中，最焦虑的也总是那个最努力的人。

我一度以为，这种越努力就越焦虑的现象，是因为站得高的人本身就看得远，所以也更有危机意识。但事实并不总是如此，更常见的一种可能是，人在某个单一赛道上走得越久，能看到的路就越窄，其视野里失去了其他的选项，又想到前路逼仄、九死一生，这才会心生焦虑。

我曾经跟一个绩点高达 4.7 的小学妹聊过职业发展的问题。满分为 5 的分制标准，4.7 就意味着她几乎所有的考试成绩都在 95 分左右。她并不是超人，取得这个漂亮分数的代价就是她几乎无法分出任何时间和精力来关注学习以外的事。

挺难想象的，一个生活在大城市、成长在网络时代的年轻人不知道什么是《王者荣耀》，什么叫"吃鸡"（《绝地求生》），没听说过"Vlog"（视频日志），不清楚为什么有人在网上写写文章、发发视频就能赚到钱，不懂"电商"是什么。

她对职业的理解就是找一份和自己专业对口的工作，然后干到老。而当我问她能不能说出三到五个她比较了解的岗位时，她想了很久，却只说出了"当老师，做外贸，做翻译或者考公务员"。

在她的想象中，乌泱泱的毕业生都要涌上这座比高考更狭窄的独木桥，而她除了更努力，尽力跑得快一点，再快一点，根本就没有其他的出路可选择。

可她那总是"压分数线飞过"的"学渣"舍友，面对同样的问题时显然要比她从容很多。"语言不就是一个工具吗？除了那些有技术门槛的专业岗位，没有什么工作是我不能做的，实在不行，我还可以搞搞副业，当个美妆博主。我的视频号已经有好几万粉丝了，我还接了好几个广告呢。"那个女孩自信满满，说得眉飞色舞，而学妹愣愣地盯着她，像在听"天书"。

我看到学妹脸上难以抑制的茫然，忽然就理解了那种焦虑的来处。那种焦虑的本质，是缺乏对未来的想象力，没有笃信"天涯何处无芳草"的底气，总是担心自己抢不到树上仅存的果子，因此想到未来才惴惴不安。可矛盾的地方就在于，人对未来的想象力往往需要宽广的视野和一种较为松弛的生活态度。

宽广就意味着不专心，松弛就意味着不努力，除了影视作品中开了"金手指"的主角之外，很少有普通人真的可以在专注于一件事的同时还能分出精力兼顾其他领域。换句话说，越是在一件事上埋头努力的人，就越容易把自己的路走得很窄，让原本成就自己的东西反过来变成对自己的禁锢，这也就是埃米尼亚·伊贝拉所讲的"能力陷阱"。

总是做自己擅长的事，做得越好，就意味着你对这件事的依赖程度越高。当这件事占据了你所有的心智"带宽"，你的生活也就失去了其他可能性。

但有趣的是，身陷"能力陷阱"的人往往很难意识到这样的困局。

当你试图劝说他们适当地离开这个赛道，抬起头去看看路边的风景时，他们不仅不会照做，反而会带着一副"总有刁民想害朕"的神情，对你的动机产生怀疑。这也就是为什么几乎所有有关未来、职场的问题，归根结底都会回到心理问题。

意识到自己身处一个逼仄的舒适圈，有勇气和能力从这个圈子里踏出来的同时不破坏它，带着已经积累的优势进入一个更广阔的世界，可能是一项更复杂的任务。

比起能力上的改组，它更像是一种认知上的挑战。就像对一个擅长总结、提炼与搜索的学霸来讲，把这种能力迁移到去了解不同的行业或职业本身，并不是什么困难的事一样。

真正难的不是行动，而是判断本身。

什么时候该用尽全力？什么时候该留出一份力去关注外界其他的可能性？分给"搜集信息"的精力应该是30%、50%还是70%？调整的依据是什么？哪些信息可能是跟我相关的？它有没有可能存在于我的视野盲区？如果有，我该怎么突破信息茧房找到它？

这才是每个人在人生的各个阶段都该问自己的问题。

# 看得见的运气，看不见的努力

杨 梅

《宋史》记载，樊若水是南唐时期一名普通的书生。当时南唐政治腐败，民生凋敝，像樊若水这样胸有鸿鹄之志的人却不被任用，连进士都考不上，他非常郁闷。他听说崛起于北方的赵匡胤有雄才大略，正招贤纳士，便产生了投奔的想法。

数月之后，樊若水抛家舍业，跋山涉水，一口气跑到大宋都城开封，然后直接向皇宫里递送了一封自荐信。读了自荐信的赵匡胤，竟仰天大笑，高呼一声："南唐李煜小儿，已尽入我袋中。"又当着文武百官的面拍板："人才难得，此人重用！"

而樊若水的人生，也就此飞黄腾达——先被特许参加进士考试，然后官至舒州军事推官，到任不久，又升任太子右赞善大夫。

樊若水的平步青云招来了其他官员的羡慕和忌妒，一封封弹劾批评的奏章呈上了赵匡胤的案头。

开宝八年（975年）十一月，大宋军队在樊若水的指挥下势如破竹，越过长江天堑，直捣黄龙，俘虏了南唐国主李煜。

原来，当樊若水决定投奔后，他就想给赵匡胤送上一份不同凡响的见面礼。经过深思熟虑，他认为大宋之所以长期攻不下南唐，绝不是军事原因，浩荡的长江屏障才是宋军最大的障碍。樊若水颇懂兵法，也读过不少有关地理和水利的典籍，加上他长期生活在长江边，对长江的渡口、关卡、要塞等都了如指掌，便决定帮赵匡胤架一座浮桥。

在那个年代，要想在广阔的江面上架设一座浮桥，并不是一件容易的事。除了要有技术，还要有充分的物质保障。其中最关键的是，要得出江面的准确宽度，才能有针对性地准备架桥的物资，并在岸边搭建浮桥的固定设施。为掩人耳目，方便勘察测量，樊若水经人介绍，到具有地理优势的广济寺，当起了和尚。

一有机会，他便来到牛渚矶边察看地形，并暗自绘下图纸，标上记号。为了得到长江水面宽度的准确数字，他经常以垂钓为名，划着小船，带上长长的丝绳，在采石江面上不知疲惫地往返数月，反复测量。

为了给将要建造的浮桥做好固定，樊若水又向广济寺捐献了一大笔钱，建议寺庙用这笔钱在牛渚山临江处凿出一个个石洞，供奉佛像，名义上是保佑过往船只平安，实则是为宋军日后渡江做好准备。

他"请造浮梁以济师"的计策和精心绘制的堪称人类桥梁工程学新纪元的技术报告《横江图说》，令宋太祖惊叹。书信上不但有详细的施工规划与精巧的设计，就连采石江面上的水纹深浅都有标注。几乎每个字，都是他冒死在江面上往返勘测得来的。樊若水也因此被称为"中国历史上第一座长江大桥的发明者和缔造者"。

# 你不用那么"有趣"

那　夏

一夕之间，"有趣"似乎成了一个炙手可热的标签。

对一个人褒奖，除了那些关乎外在的溢美之词，更多的时候，你会看见一种千篇一律的含糊说法——"有趣"。

我是不知道这个"有趣"的范畴是如何界定的。但我能肯定的是，"有趣"绝对不是亲密关系里的灵丹妙药，和"有趣"相比，真诚、理解、包容、协调、同步……这些朴素到丢进《辞海》里便找不着的词，才是我心目中维持稳定关系的秘诀。

我从来不认为我是一个"有趣"的人。

最近我的生活乏善可陈到什么地步呢？睁开眼就是洗漱，洗漱完准备吃饭，吃完饭之后，我会迅速规划好一天的工作，在下午四点半之前结束上半段的工作，收拾好健身服，去健身房运动。

回到家后，下半场的工作又开始了。

一天工作结束的时间会由当天的工作效率来决定，运气好的话，十点前能完成。然后我可能会看书，或者看一部电影。

并没有那么多姐妹们的聚会，每次看到朋友圈的年轻姑娘又去喝酒、蹦迪了，我连羡慕的感情都挤不出来。因为我根本吃不消那种玩法。在酒吧或者KTV里熬一宿，往后三天，我的精神会持续萎靡。

不用怀疑，我已经不会为了刺激而去透支我身体的幸福感了。

但哪怕是这样的生活，我也并没有觉得无趣。

因为我一直在做自己喜欢的事，注意力一旦集中在想做的某件事上，就很难抽出精力去思考我有没有花工夫变得"有趣"。

有趣对我而言，是创作的过程，而不是一句漂亮的恭维话，或一个时髦的标签。

还记得前两天趁着假期，我和几个朋友去参观一个朋友的新家。大家一进门就被吓坏了，墙是一整面的镜子——用来跳爵士舞的。客厅既没有沙发也没有电视机和茶几，只有一张巨型桌子，她解释是用来写毛笔字的。

我们观摩了一下她的书法，摸着良心说，那字写得真不怎么样。她因此被我们嘲笑了一番。

但怎么说呢，我觉得她活得挺有趣的。

不过与她充实的生活相比，她在社交网络里呈现出的自己，却是一个面目模糊到几乎让人记不住的人。她从不晒爱好，也不自拍，但其实她长得挺漂亮的。

"有趣"不应该是一种目的。不是因为我想变得"有趣"而去培养某种爱好，或是选择某种生活方式。而是因为我对某种爱好或者生活方式产生了兴趣，才决定选择它。

要知道，世上大部分的趣味都不是目的，而是刚刚好的结果。

叁

青春是一本
太仓促的书

# 那一刻，我的叛逆期结束了

**妖尊的二狗子**

高二的时候年少无知，为了所谓的兄弟义气，做了一些错事，被送进了派出所。被铐着录完口供后，警察打电话叫我爸来领人。

当时还在叛逆期，觉得自己义薄云天，特有面子，为兄弟两肋插刀，特别爷们儿。我打定主意，一会儿我爸来了啥都不说，他爱怎么样怎么样。

我爸是个出租车司机，车上还拉着客人，就不管不顾地扔下客人来了。

来到派出所后，老实巴交的他见我不搭理他，站也不是坐也不是，来回走着和办公室的警察套近乎。有个警察看不下去了，说："这种小孩就是不懂事，关他几天就老实了。"

另外一个老警察拉着我爸去找审我的那个警察了。

而我只是冷笑，一副什么都不在乎的样子。

见我爸出了门，我就开始四处张望（手被铐在凳子上）。不经意间，从监控器上瞥见院子里我爸的身影。

他不停地向那个审问我的警察鞠躬点头。

低一点，再低一点，直到腰再也弯不下去。

那个警察拿着几张纸，一下一下地拍着我爸的头，嘴里不知道在说些什么。

我爸继续点着头，本来就佝偻的身子越发显得矮小。

突然，那个警察不知道为什么发了火，把手中的几张纸一扔，转身坐在了旁边的长椅上，抽起了烟。

我爸，一个40多岁的男人，一次一次地蹲下去，单膝跪地把那些纸一张一张捡回来，拿手掸了掸灰尘，又慢慢地走过去递给那个警察。

我这才注意到，原来我爸的头发已经白了大半。

我突然很难过。我想起小时候对我说"男人腰杆不能弯"的那个他，如今却为了一个不争气的儿子，把腰弯到快要折断。

我当时没有哭，但我知道从那时起，我的叛逆期结束了。

后来，交了一万块的赔偿费，警察答应当天晚上下班前放人。

那天下午，我爸一直在四处奔走，取钱，打电话给亲戚朋友，只要用得上的关系，他都联系了。可毕竟他只是一个普通的出租车司机，能结识什么样的大人物呢？他做这一切，不过是不想在我的档案上留下一个污点。

到了傍晚，他来接我，带了一套新衣服，手里拿着一瓶营养快线和一包方便面。

跟他一起上了车，他没有骂我，只是让我先把东西吃了，一天没吃饭了。

他告诉我一切都搞定了，叫我不要担心。

又似乎不经意地说："人生的路还长，不要因为这件事想不开，你爸爸我很能的，这点事还摆不平？"

我低头咬着嘴唇，血一点点渗透到嘴里。

我扭过头不敢看他，一整天没和他说话的我，小声地说："爸，这些年辛苦你了。"

他仿佛没有听到，转过头，摇下了车窗，长长地舒了一口气。

# 接纳自己的普通，拼尽全力去与众不同

韩云朋

一

在动漫《火影忍者》中，有这样一个片段：主角鸣人和他体内的妖狐战斗，当他即将崩溃、被吞噬的那一刻，已经去世多年的妈妈，在他的意识世界中出现了。

这是鸣人有生以来第一次见到妈妈，成长路上所有的委屈、苦恼和压力全都涌上来。妈妈听完，并没有鼓励鸣人，也没有敦促他继续努力，将来做人上人之类，反倒跟鸣人聊起了一些琐事，比如：爸爸妈妈当年是怎么相爱的；他哪里像爸爸，哪里像妈妈。当鸣人幸福地傻笑时，妈妈沉默片刻，转头对鸣人说："我爱你。"鸣人有点惊讶，妈妈又说了一遍："我爱你。"鸣人笑着哭了。

不仅如此，妈妈在消失之前，还特地对鸣人说："谢谢你。"鸣人很惊讶，问道："谢我？可我并没有做什么呀，有什么可谢的呢？"

妈妈说："谢谢你让我成为母亲，让水门（鸣人的爸爸）成为父亲，谢谢你选择降临到我们的世界，给我们带来为人父母的快乐。你以后要好好的，要多洗热水澡，多吃蔬菜、水果……"

按照一般动画片的套路，剧情到这里，主人公往往会自言自语："我一定会变强的！我要拿出真本事了！"鸣人这时也自言自语，但他说的是："不知道为什么，感觉很安心。"

他醒了过来，一口气战胜妖狐，也降伏了心魔。

坦诚地讲，以前我看到这个片段时觉得有点牵强：妈妈为什么不说些更励志、更热血的话呢？怎么一句"我爱你"，加一句"谢谢你"，就能让人战斗力飙升？鸣人说的"安心"又是什么感觉？

后来一想，其实类似的故事我自己也曾经历过。

二

有几年，母亲身患重病，父亲带着她全国求医。那段时间我自然会要求自己更上进，但现实是：心理压力过大，急躁焦虑，越逼自己努力，效率反倒越低。母亲一直对我有很高的要求和期待，可有一天，她突然打电话跟我说："儿子，这场大病让妈妈看开了。妈妈只希望你将来平安健康，有一份工作，一个幸福温暖的小家。这世界上的成功人士注定是少数，咱干吗非得要求自己有大出息呢？"

不知道为什么，听完母亲的话，我的心里变得从容与温暖，感觉一块石头落了地。我清楚地记得那天晚上，我第一次以正常速度吃了顿饭，自习时也无比平静、专注。就这样一道题一道题地做下去，很多内容也头一回不靠死记硬背，而是真正地理解掌握了。现在我才明白是怎么回事：当一个人的存在价值被认可、被接纳，当他意识到自己并不是因为优秀才被爱时，他不但不会因此偷懒，反而会产生一种正向的力量。

那种感觉就像是对自己说："好吧，你很平凡，不过这不要紧，你仍然值得被爱，因为你本身的存在，就是有意义的。"心里有了这个底，人就会没有包袱，可以轻松地去做点什么。

## 三

承认并接纳平凡的自己，自有其力量。

有一部奥斯卡最佳外语片，男主人公原本想成为一流的大提琴手，他攒钱买了昂贵的琴，可一方面天赋有限，另一方面命途多舛，琴刚到手，乐团就解散了。

迫于生计，他只好回到老家，做起了一份既不光鲜，也离梦想很远的工作——为死者整理妆容。时光流淌，他不仅从这份普通却特殊的工作中一点点地发掘出了意义，也慢慢地与自己和解。每当他送别一个人，便会在田野天地间拉上一曲，琴声悠扬，远比当年那个拧巴的自己演奏得深沉平和。

当一个人无法接纳平凡的自己时，他固然也会很努力，但那种努力更像是在和自己较劲，取得的每一次进步，都像填坑还债。因为心中的自己永远是负数，穷尽一生，也只能把幸福感尽力地逼向零。可一旦他接受了自己的未来注定会和大家一样，过着普普通通的生活，并在这种前提下仍能意识到，即便如此，他依然是值得被爱的，平凡也可以不平庸，那他眼中的自己，就已经站在了起点上，以后每踏出一步，都算加分。他怎么可能没动力呢？

法国有位跨栏运动员，名叫盖伊·德鲁特。1976 年奥运会上，他奇迹般地夺得金牌。有记者问他："是什么让你在重压之下发挥得这么好呢？"

他说："我一直对自己重复一句话——我已经做好了一切可以完成这场比赛的准备，如果我赢了，一切都会很好；如果我没有赢，我的朋友仍然是我的朋友，我的对手也仍是我的对手，世界仍将是相同的世界。每当想起这句话，所有的杂念就都被成功屏蔽了。"

也许，这个世界上的赢家，都是一边想赢，同时又能接受自己输。而所有的不凡，都始于接纳自己平凡的那一刻。

# 别拿不读书吓你的父母

杨尚雯

入秋之后，就又是一年升学季。意识到这一点，是因为在街上看见处在各个阶段的青涩朝气的面庞，踌躇满志、喜气洋洋，要到新的学段上学去。

学生时代，开学时总是忍不住地满心欢喜。这样的高兴仿佛就是日出时分，即使感受到漫天霞光下仍然残留的清晨凉气，还为这明媚一天的崭新开头而不由自主地开怀，被暖色的光线镀了满身喜气，充满希冀。

现在我憧憬这样的朝气。可在少年时期，我恰恰是最不允许这种"高兴"出现的人。

那时，在我青春期的语境里，读书束缚了我的自由，外面的社会才更精彩。自愿读书仿佛是一种对群体的背叛，宣告自己的反叛精神被世俗给训得乖顺，对父母顺从也就意味着丧失了力量和尊严。

我总在教室里神游天外，觉得上学是一件苦差事，是被父母押解到此处，被社会目光禁锢在这里，整天只能和书本、同学面面相觑。基于这样的想法，我在重点高中虚度了整整两个学期，还四处宣扬我这套"被迫上学"的理论。于是学校只能要求我的父母到校谈一谈。在气氛低迷的家长会谈室，面对父母的指责和训斥，我终于还是说出了那句话："这书我不读了"。

我的父母忽然都沉默了下去，甚至连一向温柔和缓的母亲，面上也浮现出因为失望和犹疑而凝成的灰白脸色。

那一刻我意识到，读书成了我与父母间话语权争夺的关键，能让他们有所顾忌。在等待学校处分决定的那几天里，我幻想着逃离学业，憧憬着自由与无限可能，这些念头如同轻盈的泡沫一样急速诞生，在我的意识里慢慢膨胀……

可出乎意料的是，我的起誓并没有受到重视，我并没有被扔出学校去追寻什么诗和远方。老师和父母仿佛看透了那句话中撒气的成分，看穿了我自以为手握武器的恶作剧似的狡猾。学校最终决定采取一些非常规方式来处分我。除了留在学校正常学习生活之外，我还多了一个任务：到教务处值班打杂。我悻悻地接受了这个任务，却还不知道，我将在那里经历怎样的洗礼。

我刚"到任"的一大清早，教务处就来了客人：一个在门口踌躇了一会儿才终于进来的男生。他气色虚弱，带着一些窘迫的神情，脸色红红白白，还把校服穿得格外规整，只是皱了一些，残留些黄渍，像是只有一套校服反复穿、反复洗。他忐忑地同老师说了些什么，随后如释重负地走出了办公室。老师和我介绍，他是来提前申请这学期的补助的。平时把缩衣节食当成习惯，看起来才这么虚弱，补助对他来说太紧要了。随即又提起去年他家里人来为他办退学的时候，他脸上是近乎绝望的神情，回避家里人之后他单独恳求在场的老师，不愿意放弃读书回老家去，不想一辈子困在村子里。

这么艰难，也还是要读书吗？我不禁想。当我以不接受教育为武器对抗父母时，竟然有人真的在为不能读书而痛苦，急切地需要用知识武装自己来对抗生活。生活真的轻松吗？那些原先停留在我设想中的梦幻泡泡一个接一个破开，只剩一地狼狈。我恍惚意识到，受教育或许不是一种被迫履行的义务，而是一项需要珍惜的权利。

　　不久，一个频繁来处理转学手续的女生也和我熟络了起来。我开始想象，是怎样的学校才让她这么积极地推进转学进度呢？一定是更轻松、开明、有意思的地方。出乎意料的，她雀跃地告诉我，是去省里一所更加严苛的重点高中。我内心惊讶：这是上赶着去受管教吗？于是问她，现在的执着是为了以后更好地生活吗？女生正了正色，告诉我，有些付出也并不全然是为了成果，可能只是为了寻找自己的价值。我看着她认真的神色，若有所悟，但仍然想知道，读书对这个时代的孩子意味着什么？除了分数和前程，还有更多的价值吗？

　　那段时间，我在教务处见到了很多人。被家里人办理了退学出门务工的女孩；先天不足，即使时常犯病也仍然要求上课的男生；从偏远地区转移了户口也要让孩子顺利入学的家庭；回校看望老师的优秀毕业生，讲述教育如何让自己一生受益……有人不断奔走，有人遗憾错失，读书好像有改变命运的强大力量，又好像只是一条因为普遍选择而逐渐模糊了真正意义的群体道路。我的疑惑在回母校演讲的学姐那里得到了解答。

　　学姐的学生时代走得曲折。她曾离开校园，又毅然重返，经过不懈的努力与坚持，考入了国内的顶尖学府。毕业之后又决定从零开始创业，每一个选择都写满了叛逆，也充满了勇气。这次来校演讲，她在台上熠熠闪光，展露着出众的沉稳和明慧。我在提问环节向她提出了我的困惑，而这位经历精彩、人生跌宕的学姐，在走出校园又回归校园，最终以自己认可的面貌再次踏入社会之后，用新的视角向我们阐述了"读书"这件事。

　　她说，这是我们自己年轻的事业。

　　我才如梦初醒。

　　就像大人们严肃的社会分工和生存环境那样，我们也在这样的教育体系和生长环境中全力以赴，完全地付出、收获，花十几年来汲汲营营，为此哭，为此笑，为其中的起伏承担后果。

一方面，这是我们这一代和社会接轨的方式，接受社会赋予我们的求学者身份，其实正是活在社会中。而另一方面，在考卷和排位之下，读书实质上是预留时间让我们成长。等解决好我们稚嫩的困惑，寻找到我们在人群中的位置，明确自己的本心，再去握着这过程中一次次尝试得来的成果前往外部社会，成为一个不需要通过暴力反抗他人来证明自己力量的、真正强大稳定的人，向世界发声。

我可以不读书吗？如果那样，我将错失这精彩的事业，失去积累前期力量的过程，可能失去自己的声音。

我可以以不读书作为武器吗？当我认为这是为别人所驱使才去做，或者试图以此恐吓最亲近的人，应该要意识到读书正是我自己的事业，我无法放弃，更应该把握好主体身份，为它投入、为它承担，为它骄傲，享受它的一切成果。

别再犹豫该不该读书，也别再用不读书恐吓父母或者任何人。请高兴地迎接自己的崭新事业，向人生发出铮铮强音，宣告自己的主动权。

# 你的彻夜未归，换来的是妈妈的一夜未眠

惜东风

深夜的寂静被一通突如其来的电话打破，我刚完成写作任务，正准备沉入梦乡，却接到了老家邻居奶奶的求助。她用浓重的方言焦急地告诉我，她的孙子小李在上午突然离家出走，至今仍未归家。老太太的老伴早已离世，唯一的儿子也在车祸中不幸丧生，儿媳在市里做保姆，她不仅要照顾年幼的孙女，还要为孙子的安危担忧，万般无奈之下，她向我发出了求助。

得知小李喜欢打游戏，我推测他可能落脚在网吧。于是，我通过地图一家家地寻找，在一家大型网吧门口焦急地呼喊："小李在吗？快回家，你奶奶很担心你！"然而，我的呼喊引来了网吧老板的不满，他揪着我的衣领将我赶了出去，责备我扰乱了他的生意。我向老板解释了情况，他告诉我上网的孩子早上六点都会去一个固定的地方吃早餐，建议我去那里碰碰运气。

半夜两点多，我独自走在寒冷的大街上，心中充满了对小李的担忧。想到他父亲早逝，母亲在外打工，上有年迈的奶奶，下有年幼的妹妹，他是家中的希望，这样的家庭怎能容许他如此放纵自己？回想起自己的过去，我也曾因为任性和虚荣而让父母担忧，心中不禁涌起一股悔恨之情。我暗暗下定决心，一定要找到这个孩子，让他回家。

就在这时，我的手机响了，传来小李妈妈焦急又感激的声音。她正在赶回来的路上，并叮嘱我找到孩子后不要责怪他，因为孩子的自尊心很强，父亲的离世对他打击很大。听到这里，我原本有些气愤的心情逐渐平静下来，意识到对待青春叛逆期的孩子需要更多的理解和耐心。

小李正处于这个特殊的阶段，家庭的变故让他更加脆弱，因此他用坚硬的伪装来保护自己。我意识到，粗暴地攻击他的虚荣只会激起他更强烈的反抗。

不久，小李的妈妈、奶奶和妹妹都赶了过来。他们对我充满了感激之情，奶奶更是一个劲儿地说我是好人。时间悄然流逝，天边渐渐泛起了鱼肚白。小李的妈妈买了很多好吃的催我吃，但一家人都在眼巴巴地盯着街口，等待着小李的归来。他是这个家庭的希望，是他们未来的依靠。

终于，小李的身影出现在街口。他一米八的个子，双眼惺忪，看到家人后突然定住了。妈妈满面春风地招呼他过来，妹妹也拉着他的手。小李虽然表面上满不在乎，但坐下吃了几口饭后，眼泪却掉了下来："妈，奶奶，对不起，我错了！"妈妈拍拍他的肩膀说："应该感谢这位叔叔，不是他我们还找不到你呢！"我趁机劝导小李："你彻夜未归，全家人都一夜无眠。看看你的家人有多爱你，以后有事多跟家人沟通！"

这件事让我对父母与孩子的关系有了更深的认识。争斗只会让我们和孩子两败俱伤，作为父母和子女，我们应该多一份宽容和理解，少一份武断和任性。同时，我也想对那些因怨念而叛逆犯错的孩子们说：如果你们做错事受到惩罚，太阳依旧会照常升起，社会也会继续运转，你们家人的世界却会因此破碎坍塌。请珍惜身边的亲人，善待自己！

# 流水线流走了青春，打螺丝打不出未来

陈　峰

我被舅舅叫到家里，舅舅想让我劝一下表妹。原因是表妹打电话回家说读书太枯燥了，不想继续读书了。

她说读书每天都是在看书背书、写题刷题，就像机器人一样被规定所有动作。每天刚刚应付完"鲁迅的百草园"，又要为函数之间的复杂关系劳神。

她说，现在已经是信息时代了，强大的网络已经让人与人之间的距离逐渐消失不见。

她对于自己的想法很是坚定，似乎读书对于她来说就是浪费时间。

她还说，与其花着学费在学校里过着机械的生活，倒不如在工厂里的流水线上打螺丝。同样都是如机器人一般的日子，后者好歹还会挣钱。

如果读书就是为了挣钱，那么在当下的时代什么事不能挣来一顿温饱呢？

这是她反问我的问题，我并没有回答出来。

总之，她不喜欢读书，也不愿意读书了。

我接受她对于读书的控诉，且我那时也有同样的想法。这无可厚非，在这样的时代里，任何人都有权选择自己的生活方式。

但是，我并不认同她的想法。

相比 00 后的表妹，我承认自己已经与她不在一个时代了。国家在发展，社会在进步，我们的生活早已发生了翻天覆地的转变。

我知道我不可能用三言两语就扭转她的想法。

所以，我向她分享了我读书时的故事。

在我读书的时代，流水线、打螺丝并不陌生。相反，的确有人放弃了学习，前往工厂做流水线工人。他们放下书本背上行李，奔赴满是机会的大城市，一心想着靠着自己过上富裕的生活。

我记得当时，同样年纪之下，我每天拿着父母给的零花钱，而他们已经能赚到不错的工资了。

我承认我很羡慕，因为对于一个普通农村学生来说，这些工资足够我半年甚至是大半年的生活开销，更不敢想他们在这个年纪已经赚了不少的钱。

高二是我觉得最烦躁与痛苦的时候。严重偏科的我选择了理科，但我的理科成绩并不太好。之所以会选理科，完全是因为大家都在说学好理科，在未来就业时会有更多更好的选择。相比于理科，在当时文科生的就业并不被看好。

但是，那时我的理科成绩，拼尽全力也只是可以够上及格线而已。渐渐地，我与班级里其他同学的成绩差距越来越大。

我逐渐丧失了考大学的信心。这个时候的我想着既然考不上了大学，又何必再继续下去。所以我向邻居家的哥哥偷偷打听，如果不高考，我可以干些什么工作，又有哪些工作可以赚钱。

这是我第一次想要放弃读书，虽然只是一个小小的念头。但是放弃的想法一旦产生，就会每时每刻都萦绕在我的心头。

没等学期结束，我已经与邻居哥哥约定好了出发打工的时间。

高考前的最后一个暑假，就在我准备踏上外出务工之路的前一夜，父亲找到了我，没有质问与责备，他只是平静地递给我一个钱包，然后简单地说了一句："挣钱不容易，出去见识一下也是好事。"

看着父亲单薄的身躯，还有满是老茧的双手，我感到很是惭愧。

那夜，我一夜没睡。第二天就登上了外出打工的大巴车。

说到这里的时候，表妹不停对我说："你看吧，你也是认同我观点的吧，不然你怎么也会想着不读书去务工呢。"

我微微笑了笑，并让她耐心听我说完。

有句话说得很是透彻——实践是检验真理的唯一标准。

我吃不下学习的苦，又羡慕别人打工赚钱，所以才动了辍学的念头。

工厂早上六点开工，直到中午十二点下班之前，除了可以上两次厕所，其他时间都不能随便离开工位。之所以有这样的规定，一是因为流水线作业一个班组为一个流程，你走了就需要别人替你多做一些；二是因为那身工装穿脱一次实在太不方便。

在工厂，中午可以有一个小时吃饭，一点半的时候开始下午的工作。从这时开始一直到晚上六点下班，然后半个小时的时间用来吃饭与解决其他事情。晚上七点晚班准时开始，当时间来到晚上十点，一天的工作才终于宣告结束。

这样的时间安排，相比在学校更像机器人。

在工厂，所有人必须统一住在宿舍，一个班组的人同时上班同时下班，也同时吃饭睡觉，所谓自由就是痴心妄想。

我打工的工厂是做电子元件的，入厂的第一天我便被安排在了流水线上。工作内容非常简单，就是按照规定给主板装上各种电子小配件。但就是这样简单的工作，我在第一个星期结束之后，便坚持不下去了。

其实，也不是坚持不下去，而是被工厂开除了。

原因是经过我组装的元件不是装反了电极，就是少了某个电子元件。

主管说我笨，老板也说我笨！

就像你一直重复去写某一个字，写着写着就觉得这个字好像很陌生，写到最后甚至会写错。在流水线上一直重复同一项简单工作，时间久了，再简单的工作也容易出错。

相比较于流水线过于单一重复的工作，课本上的各种内容实在是精彩纷呈的。

我的务工之旅只持续了一个星期左右，不但没有挣到钱，还因为组装错了元件，赔了工厂将近六百块钱。

"那后来呢？"表妹盯着我问道。

"我回来了啊，没有一点当时出发时的壮志雄心，灰溜溜地回来了。"我苦笑着说道。

那个暑假是我最拼命的一个暑假，从回来之后我就再也没有出家门。炎热的夏季里，陪伴我的除了父母，就是房间里那台老电扇，它一圈一圈地转着，我手中的书一页一页地翻着。

好在，我及时醒悟了，没有让流水线流走我的青春，而是用书本翻出年轻人该有的风采和人生。

说到这里，我也向表妹回答了她的问题。

读书和赚钱是两码事，读过书的人不可能都是富人，而没有读书也不见得就没有钱。读书从来都是为了丰富一个人的内涵与精神世界。

青春何其美好，人们唯恐它消失得太快。你又怎么忍心让自己在最该接受教育、享受青春的时候，就因为一些小钱而早早禁锢在工厂之中呢？

# 令母亲心碎的那一刻

陈亚豪

去年冬天的时候，我去找一个老同学吃饭，他正在攻读教育专业的硕士学位。那天他在听一个讲座，我到的时候讲座还没有结束，索性就进去听了一会儿。我不清楚这是什么内容的讲座，不过有意思的是，我发现来听讲座的都是五六十岁的阿姨。朋友告诉我，她们都是妈妈。

台上的老师在现场提出一个问题："各位母亲，请你们回想一下，孩子让你心碎的那一刻是什么时候，五分钟后我们开始讨论。"这个问题引起了我的兴趣，作为儿子，我似乎从未想过自己让母亲心碎的那一刻是什么时候，我和在场的妈妈们一起回忆起来。

五分钟后，阿姨们陆续开始发言。

"儿子交过一个女朋友，想结婚，我没有反对，只是希望他们再相处一段时间，彼此多了解一下，结果他直接住到女孩家里去了，不要老娘了。"

"有一次闺女和我吵架，吵得很激烈，她冲我嚷了一句——为什么我会有你这个妈妈！我知道她只是一时冲动，但那两天一想起这句话我就想哭。"

阿姨们的发言越发踊跃，现场很热闹，我在下面听得一会儿心里难受，一会儿又忍不住呵呵直笑。这时候一个阿姨接过话筒，站起来缓缓地说："最心碎的那一刻，是孩子对我说，他想放弃自己的那一刻。"现场突然安静了，好像大家都被拽进了自己的回忆里，过了半分钟，阿姨们纷纷点头表示赞同，有几个妈妈的眼眶甚至有些湿润，我不知道是为什么。台上的老师拿起话筒："这应该是所有当母亲的最有共鸣的一个答案。"

我的思绪忍不住回转，脑海里浮现出高三时的自己。那一年，我因为受某些事情的刺激和幼年时神经方面疾病的影响，患了抑郁症和被迫害妄想症。我的情绪完全不受控制，精神近于崩溃，在恍惚和挣扎中度日，时刻与自己对话和斗争，但还是无法战胜自己。

那一年，妈妈每周都会带着我去看心理医生，她坚持不用药物治疗，虽然药物见效会更快。她觉得我很棒，因为她相信我一直在努力战胜自己。后来我对自己妥协了，放弃继续学习，因为在这样的精神状态下，我连一道题目都无法集中精力读完。高考的日子越来越近，大家都在奋笔疾书，跑得越来越快，我却在看心理医生，于是我就想干脆破罐子破摔了。那时的班主任很照顾我，一直在关心我，她觉得这样下去我很可能把自己毁了——当初我是被保送进这所市重点高中的重点班的，被很多老师列为上清华北大的对象。

班主任打电话把我在学校的情况如实告诉了我妈——上课不是睡觉就是发呆，连课本都不拿出来。这些都是班主任找我谈话时告诉我的。她先跟我道了歉，说她没能力帮助自己的学生，很对不起我。

她和我谈话的时候，我还沉浸在和自己的对话里，她那天说了很多，我基本没记住什么。可听到"把这些情况告诉你妈妈"时，我回过神来。

"那天在电话里和你妈妈说完这些情况后，她就突然哭了。她以前对你的状况一直很乐观，也很相信你，可那天她在电话里哭了很久，哭得我也很难受，不知道该怎么安慰她。"

那天之后，妈妈一边坚持带我去看心理医生，一边让我接受药物治疗，我的状况慢慢稳定下来。我也鼓励自己重新投入学习，一个小时里我只有二十分钟可以集中精力，那我就学三个小时来弥补。高考前的那两个月里，我每天都是凌晨三点睡觉，六点起床，白天上课站着听讲——为了抵抗困倦和集中注意力。在妈妈和老师的帮助下，我顺利参加了高考。

高考成绩和老师们对我的预期相差很远，但好在压一本线，去了个还不错的大学。大一那年的母亲节，我给妈妈发去一条短信："妈，母亲节快乐。谢谢你带我来到这个世上，我会努力成为你的骄傲，永远。"妈妈回了一条："傻孩子，不轻言放弃，你就是妈妈最大的骄傲，永远。"

命运多舛，一路走来，我才明白了一个最简单的道理：照顾好自己，不轻言放弃，是对至亲与挚爱最好的报答。

# 为什么不听妈妈的话

恩　雅

很多很多年前，我躺在床上，手里抓着一把巧克力或者糖果，用大概十分钟的时间吃完它们，另外还要把糖纸从窗户缝里扔出去，如果被发现，妈妈会拧着我的耳朵尖叫："去刷牙！"那是一件很残忍的事情，所有的甜蜜都被冰凉无情的牙膏刷去，这让我晚上经常做同样一个梦。在梦里，总是有一把巨大的牙刷在追我，我背着一个很大的包裹，里面是我储备许久的零食，一路狂奔，翻山越岭。遗憾的是我不刷牙这件事妈妈发现的次数不是很多，于是很多很多年以后，我有了六颗蛀牙。

我很忧伤，为什么不听妈妈的话。

很多很多年前，我很迷恋看书，上天入地，武侠漫画，通古今、晓音律，书真是一个好东西。最完美的事情是，在冬天有暖气的房间，抱上一摞书躺在床上看。正面仰着适合看短篇，字字珠玑；侧卧下来是看长篇大部头的，看不下去可以立刻睡着。当然，这几种造型都是妈妈不在家的时候才可以用的。因为这个女人如果发现，一定会过来把我揪起来大叫："眼睛要坏掉！"遗憾的是我隐藏得很好，经常穿戴整齐躺着看书，听见妈妈开门的声音就立刻弹到书桌前。于是很多很多年后，我需要戴眼镜，我讨厌眼镜，那让我看起来有一种狼外婆的亲切感。

我很忧伤，为什么不听妈妈的话。

很多很多年前，我性格外向、热爱生活、不拘小节，我可以把一只袜子丢在卧室，另一只扔在书房；我可以把书包或者自行车或者外套遗忘在任何一个同学家；我可以一个月丢三次钥匙、五次发圈，而且这些东西会在我全部买新的以后立刻出现。妈妈会在发生上述所有事情的时候说："东西要收拾好，我说了一万次了！"我一边虚心接受，一边寻找我刚丢失的钢笔套——昨晚明明看见它在床底下，懒得去捡，怎么今天就不见了。很多很多年以后，我有了自己的房子，所有来我家参观过的人都说，那屋子看起来像被抢劫过一样。

我很忧伤，为什么不听妈妈的话。

这个问题我只能问自己，我不能问妈妈，那样会让我非常非常没有面子。

妈妈跟我说过太多太多的话了。

她说，字要一笔一画地写，我偏要写行书。我说反正以后都是用电脑打字，字写得潦草别人看不懂，还能防止被人偷看日记呢。妈妈不说了。于是我的字就一直很难看，幸好后来果然是用电脑打字。

她说，不要偏食，要多吃水果蔬菜，我偏偏对食物挑剔到极点。于是后来很长的时间，我没法跟别人在一张桌子上吃饭，我会让所有的人认为食物有毒，没有胃口。后来这点被强行改掉，但是我依旧绝对不吃苹果和梨。

她说不要早恋，这点我算是认真执行了。还有一点就是每天洗澡，这个习惯让我显得比较健康可爱而且很少生病。

是的，我们会认为妈妈的很多话都是废话，都是食古不化，她们太啰唆、太麻烦，像唐僧，她们给我们的成长设置这样那样的规矩，让我们的青春透不过气来，她们根本不懂生活，也不懂爱情，她们哪里知道什么是轰轰烈烈。她们甚至没有什么品位，不能接受黑色的指甲油和在鼻子上打洞。她们不允许我们逃课，不给我们多一点零花钱，不让我们看非常非常好看的爱情肥皂剧。

而如今，我们慢慢地成长了，猛然发现，我们因为装酷而抽的烟后来是戒不掉的；我们因为爱美丽而穿迷你裙惹上的风湿是治不好的；我们曾经为了逃避困难而荒废虚度的青春是回不来的。

原来妈妈的话并不都是废话，她也曾经年轻、懵懂和无知，她也曾经莽撞和幼稚，她说那些话只是不希望你因为无知无畏而受到伤害。只不过青春这段弯弯曲曲的路，我们都必须走过，在她琐碎的唠叨中，在她无尽的关怀与爱中。

当我们失落的时候，是妈妈在电话那边说："宝贝，会好起来的。"

# 你以为的独立 VS 真正的独立

李彦毅

站在大学校门前的那一刻，十八岁的我心中涌动着无尽的思绪。中学住宿生活的片段在脑海中闪过，那些关于自由的遐想如今即将成为现实。没有固定的上下课时间，衣着可以随心搭配，校园的每个角落都任由我探索……我的自我，终于挣脱了硬性规定和长者规训的束缚。

手握着生活费——这笔我从未真正支配过的大额资金，我开始了疯狂的购物之旅。宿舍的柜子很快就被大小包包塞得满满当当，仿佛每一件物品都在宣告着我的独立。而在学习上，一向勤恳严谨的我，在偶然一次迟到缺课未被登记后，仿佛打开了新世界的大门，开始频繁翘课、缺勤，懒散地做着我曾经不敢想象的事情。

金钱的自由挥霍、时间的随意支配，让我沉醉于这种自以为是的"独立"生活中。然而，这种疯狂并未持续太久。开学仅一个月后，一次在食堂买饭的经历，让我从云端跌落至现实。

那天，我选了价值15元的自选饭菜，却在付款时尴尬地发现生活费余额不足10元。打饭阿姨的催促、屏幕上不断闪烁的余额不足提示、身后同学不耐烦的抱怨声，让我在这个闷热嘈杂的食堂里羞愧难当，心跳加速。

"我……不要了，不好意思，麻烦您了！"我红着脸，丢下这句话便匆匆逃离。

接下来的一个月怎么办？是向父母索要更多费用，还是找朋友借钱？正当我陷入沉思时，手机信息的提示声打断了我的思绪。屏幕上显示的是上个月的课堂考勤评定——"缺勤率 8.3%"。在我们学校，缺勤率超过 5% 就意味着要被辅导员叫去谈话。

两个问题同时摆在面前，让我错愕不已。我怎么会把憧憬的大学生活过成这样？这还是那个勤奋自律的我吗？自责与厌恶的情绪在心底蔓延。"这就是你想要的独立吗？"我不断地质问自己。

辅导员的谈话中，有一句话深深地烙印在我的心里："大学很自由，给你独立生活的适应过渡。但独立不是无拘无束的纵欲和挥霍，而是需要个人生活的调度。"其他的话语在我当时混乱的情绪中已模糊不清，但这句话却像一颗闪闪发光的贝壳，留在了我的脑海中。

回到宿舍，我环顾四周，堆积如山的快递盒子、随意乱扔的化妆品、混杂在一起的衣物……这一切都让我触目惊心。更让我没想到的是，那份 15 元未买下的盒饭竟然出现在我的桌上。对床的舍友阿冰笑着说："是我给你买的啦！小瑜，是不是生活费不够花啦？不要饿着肚子哦。"

感动之余，我才意识到开学的这一个月里，我忽视了离我最近的舍友们。因为总是在外面玩，回到宿舍时她们都已经休息了，我们的交流少之又少。

"谢谢你！"

"我是阿冰。"

"谢谢你，阿冰！"

这个转折来得突然又及时，让我仿佛突然领悟到了"独立"的一些真谛。独立不是肆无忌惮地随心所欲，而是对自己的大学生活规划和负责。哪怕我仍然有很多困惑和不解，但我已经开始努力改变。

和舍友们重塑关系后，阿冰成为我无论做什么都一起去的全能伙伴。在学姐学长的帮助下，我找到了一份家教的兼职。我的缺勤率也在逐渐降低。我忙碌着，虽然相比之前少了很多娱乐时间，但参加了许多学校的活动，变得更加开心和充实。

我开始游刃有余地安排自己的生活。如今，我已经上大三了。虽然算不上一个典型的优秀范本——成绩中上，够不到奖学金的门槛，但我会努力去争取；社团活动参与度很高，虽然没有什么职位，但我充满热爱地做着我喜欢的事情；朋友不算多，专业的同学也不算熟悉，但我和朋友们关系很好，珍惜着彼此；生活费依然照旧，偶尔还是会手头紧张，但我找到了自己也能创造的经济价值。

我畅想着读研、工作、恋爱……这些未来的规划在我心中熠熠生辉。我期待着那一天的到来，正如我踏入校门时的憧憬一样。我深知，真正的独立还需要时间去参悟和磨炼，但我相信，在一步步成长的过程中，我会逐渐成熟起来，成为一个独当一面、无惧考验的大人。

阳光下，我迈着坚定且轻快的步伐向前走去。

# 17岁少年的辍学人生

久久不等猫

在母亲经营的那家温馨而又繁忙的餐馆里，新加入了一位年轻的服务员。他身材高大，面容俊朗，一双杏眼虽显稚嫩，却透露出与年龄不相符的疲惫与深邃。由于我时常会在餐馆里帮忙收银，我们很快便熟络了起来。

他工作起来既麻利又娴熟，仿佛一个不知疲倦的陀螺，在餐馆内旋转不停。每当夜深人静，顾客们陆续离去，他便会拿起毛巾，轻轻拭去额头上的汗水，然后慢悠悠地收拾起桌椅来。

"你叫什么名字呀？"我好奇地问道。他似乎没有预料到我会主动与他攀谈，显得有些局促不安："我叫孟帅。"

"我看你年纪轻轻的，就已经开始工作了，真是挺厉害的。"我由衷地赞叹道。然而，他却露出了一丝委屈的神色，或许是因为心底积压了太多的话语，他一边重复着擦拭桌子的动作，一边陷入了深深的回忆之中。

在那一刻，我仿佛看到了他曾经的校园生活。那时的孟帅，刚踏入高中的校门，繁重的学业如同沉重的枷锁，让他感到窒息。他厌恶上课，对学习提不起丝毫兴趣，每天除了睡觉，就是对老师的讲解充耳不闻。考试对他来说，只是煎熬的倒计时，而倒数第一的成绩，则是他意料之中的"收获"。

为了消磨时光，他偷偷将手机带进了学校。然而，即便如此，学校的考试和老师的谈话仍然让他感到崩溃。他厌倦了每天六点起床、十一点放学的枯燥生活，终于在一次月考结束后，萌生了辍学的念头。

"我不读书了，我要出去赚钱。"他向父亲宣告了自己的决定。父亲听后怒不可遏，扬起手就要打他。

"世界上赚钱的机会多的是，为什么非要在学校里浪费时间？你看那些明星、网红，没有学历，照样能挣大钱。"他振振有词地反驳道，"学历已经没用了，能力才是关键。"

父亲听后更加愤怒，揪住他的衣领，狠狠地给了他一巴掌。那一刻，父子俩都愣住了。孟帅转过身，一言不发地走进自己的房间，锁上门，没有开灯。在黑暗中，一个冲动的想法在他脑海中闪过，以至于一年后的今天，他仍然清晰地记得那时心跳如鼓的感觉。

那天夜里，他偷偷潜入父亲的房间，偷走了钱包，独自踏上了前往省会城市的高铁。

"可是，没有学历，你当时是怎么开始的呢？"我好奇地问道。

"那时候只想着车到山前必有路，那些主播和明星可以，我也可以。"他微微低头，回避着我的视线，语气中带着一丝无奈。

孟帅的第一份工作找得并不顺利。他学着大人的样子在招聘网站上广投简历，但因为年龄未到且没有学历，往往石沉大海。最终，他只得进入一家急需用人的食品加工厂，负责打包冷冻虾。

在那里，他第一次体会到了社会的艰辛。他穿着厚厚的防护服，在温度低至零下的车间里一站就是十几个小时。领班对他要求严格，不允许他走神或偷偷玩手机，四周环绕的摄像头如同无形的枷锁，让他时刻感到被监视。高强度的工作让他的肌肉隐隐作痛，而每天成百上千件的冷冻虾打包量则像一座大山般压在他的心头，让他不得不加快速度。

　　然而，就在一次工作中，他的手臂突然痛得无法控制，额头上的汗水不断滴落到防护服中。车间里刺眼的灯光让他感到一阵眩晕，四周反射的强光更是让他几乎窒息。在那一刻，他无比渴望逃离这个痛苦的地方，去追寻一片属于自己的净土。

　　经过两个月的煎熬，他终于拿到了第一份工资，然后像逃亡一般离开了那个工厂。

　　孟帅的第二份工作听起来颇为光鲜——科技公司的运营经理。当他看到自己通过岗位筛选时，简直不敢相信自己的眼睛。他沉浸在巨大的喜悦中，幻想着未来的别墅、豪车以及父亲意外而又欣喜的脸庞。然而，现实却给了他沉重的一击——他被骗走了两个月的工资。

　　"你没想过回家吗？"我问道。他摇摇头，苦笑一声："我是个懦弱的人。"

　　我没有再多说什么，只是默默地看着他。经过两次打击后，孟帅终于认识到了社会的残酷。他静下心来重新出发，凭借自己的真诚和努力，在母亲的餐馆里当上了一名服务生。

　　我问他是否后悔当初的选择，他果断地摇了摇头："虽然很苦，但是不后悔。自己选的路自己走呗！"说完，他换下围裙走出门外，长舒一口气，对我笑了笑："终于下班了，你记得锁门啊。"

　　我看着他的身影穿过空无一人的马路，在对面高耸入云的写字楼前停留了片刻，然后消失在道路的尽头。那一刻，我仿佛看到了他未来的无限可能——无论前方是荆棘丛生还是鲜花满地，他都将勇敢地前行，去追寻属于自己的梦想与未来。

# 和自己赛跑的人

顾南安

我至今记得，那天，阿童在前面飞快地骑着车，丢下我好远，我猫着单薄的身子用力踏脚蹬，也没能追上他。穿过树梢的阳光特别明亮，落在他刚洗过的头发上，微微折射出光芒，掠过脸颊的风里飘来他发丝上洗发香波的清香，让人心旷神怡。

当我们抵达位于邻镇的二中，才发现学校比我们想象的要漂亮许多。只是环境陌生，我和阿童不得不拿着报名材料四处奔走。阿童不时地在我前面轻快蹦跶，一副青春无敌的痞样。我在后面紧紧追随，心想：他怎么可以那么有活力？

阿童一直都让我羡慕，因为他的特别——性子急，做事麻利，还有超越了年龄界限看待事物发展的独特眼光。新学期开始后，我和一众同学在苦啃难度明显增加的数学、英语等科目时，阿童却时常背着老师，捧着不知从何处搜罗来的杂志翻阅。看得尽兴了，还不忘捅捅作为同桌的我："这人也太牛了吧？！"

那语气里，是赞叹，是羡慕，当然，也带着追问。

我偶尔也翻看那些文章，不外是商人白手起家，通过艰辛打拼最终成功的故事。我对此不感兴趣，只好勉强笑笑，继续埋头看课本。看阿童仍没多少学习的积极性，我又不忘鼓励他："只要你敢做，你也能成功。"表情已有些木然的阿童终于又笑了起来，说："多谢，多谢！"眼神中闪耀着希冀的光芒。

高二时，体育1000米跑步达标测试，限时4分5秒跑完。第一次，阿童和我都未能通过，被通知下次补考。原本体育就差的我抱着"不达标又奈我何"的态度，并不在意，阿童却专门跑去商店，花"巨款"买了一只跑表，说下次一定要过关。

每天放学，阿童都会拉我去操场。在起跑线前，他左手持表，右手施令，一副很专业的模样。看到他的手臂在空中一划下，我和他就开始飞跑。风迎面吹来，又从耳边"呼呼"吹过，像我们无处不在的青春。只是挥舞在身侧的双手怎么也握不住它。

双腿渐渐变得沉重，心跳也越来越剧烈，似乎一个不小心，心脏就会从喉咙里蹦出来。阿童总会在这时拉住准备放弃的我的胳膊，奋力向前。我挣扎过，可他的手就像一只铁箍，我越是挣扎手臂就越疼痛，最终只得悻悻作罢，继续踉跄着尾随着他。

那时，阿童在我眼中渐渐变成坚毅、不轻易放弃的形象。我也终于有些明白，自己为何愿意和他那么要好了——大抵是因为，他总有自己的方向。

完成时间一点点地在缩短，甚至在后来，我们的补考成绩赶超了当时的全班第一名。阿童对此很有成就感，逢人便说。我却没有太多感触——那时，我唯一的目标就是考上一所好大学，将来有一份好工作。所谓"好"，用丁老师的话说，就是"够稳定，风吹雨打都不怕"。

丁老师是二中的一名老师，我和阿童一起跑步时与之相识。起初，他见我跑步时不得要领，就上前热心地给我讲解步伐与呼吸的关系，还亲自示范。后来接触多了，才知道他是个才子，学识渊博，精通音律、书法和写作。

我曾特意去他家看过他的作品，书法刚劲有力，又不失洒脱飘逸，颇有柳公权之风。而他写的散文，柔和、清淡，读后犹如品明前新茶，唇齿留香，回味悠远。某个时刻，真心觉得文雅、恬淡如丁老师，也是一种境界。钦佩之际，我也曾试图拿起笔杆，写几篇行云流水般的文章，却每每落笔，深感力不从心，纵使勉强开了头，后续也无以为继。于是，我又找来一些文学名著在课余饭后苦读，企图汲取一些养分，让笔头不再那么干涩，但进步极缓。

大概就是在那时，阿童郑重其事地跟我说，他准备辍学。

我在愣怔了好几秒钟后才反应过来。阿童接着对我说："学校里教的内容，并没有太多我想掌握的，所以还是有必要去闯一闯。你看，外面的世界多精彩啊！"

那天过后，阿童就再也没来学校。班主任让我去他家找他回学校读书，前几次他还在家，只是怎么都劝说不动，后来再去时，他已跟着亲戚去了广州。

我怀念和阿童在一起的日子，也不时会想起他。或许对于他来说，外面的世界才会让他焕发活力吧。只是令人遗憾的是，阿童临走时，连个联系方式都没留下，我之后的大多数时光，都是一个人学习，学习，再学习。

后来却发生了一件让我暗自欣喜的事儿——原来的语文老师调动到其他学校，接替他的是丁老师。看着戴着高度近视眼镜的丁老师在讲台上侃侃而谈，我对他愈加崇拜。

更令我惊讶的是，丁老师对英语、数学等课程的题目也毫不畏惧，每每有同学向他请教，他总是不会被难住。特别是在我们上晨读课的时候，他会从任何课桌上拿起一本书，大声朗诵，虽然他的声音和同学们的声音混杂在一起，但极具辨识度。

因为丁老师，我的语文成绩有了明显的提高，写作也长进了不少。有几次，他还把我的作文朗诵给全班同学听。我多少有些窘迫，觉得不好意思，他却对着全班同学声情并茂地分析哪些句子写得好，哪些句子不够完美、亟待改进。

我受益匪浅，也对他愈加感恩。临毕业时，我买了一套精装的《川端康成文集》送给他，他并不拒绝，又和我深深浅浅地聊了一下午。我临走时，他像记起什么似的冲回屋里，拿出一幅自己作的画给我，我欣然接受，心里却又涌起淡淡的惆怅——如果上了大学，或许以后就很难再见到他了。

他送我的画，被我用一个相框装裱了起来。画中，一个高瘦的人正用力迈动双腿向前奔跑，影子被他甩出好远。他看起来那么孤独，却又一脸的坚毅和不服输。画的名字很特别，叫《和自己赛跑的人》。

在无数个对大学生活满怀期待又难免焦灼的夜晚，我面对着桌上的画，久久不能入睡。丁老师、阿童和我，都算是和自己赛跑的人吧。虽然我们有这点类似，但我们在人生的岔路口还是选择了不同的方向。

后来，阿童主动打电话给我，恭喜我考取了教育部直属的师范院校。我责怪他不够兄弟，这么长时间音讯全无。他嬉笑道："在外打拼，很辛苦，只顾着自己向前冲了。"后来，又聊了各自的生活，直到手机发烫，仍觉得意犹未尽。

大学的课程并不多。闲暇时，我总会泡在图书馆，以神农氏尝百草的心态翻阅一本本书，为日后的工作和写作打基础。虽然那时我已在报纸上发表了一些文章，但仍觉得不够，还有更宽广的天空等我翱翔。

在大三时遇见丁老师，是让人极觉意外的喜事。我愣怔地盯着他从我眼前走过，不敢相信他会真的出现在我所就读的大学校园里，及至他走出好远，我才想起手机上一直存着他的电话号码，急匆匆拨过去询问，才确定是他。

他说，在高中任教时，他就开始为读研究生做准备了。我蓦地想起在无数次的晨读课上，他抓起一本书，就开始大声朗诵，专注到忘我，厚厚的眼镜片遮挡不住他眼中所闪烁的睿智。原来，他是厚积薄发。

时光倥偬流逝。大学毕业后，我回到家乡当了一名老师，却在街上巧遇了阿童。我们在他开的家纺店里畅聊了一下午，我脑海里浮现最多的两个字，是"敬佩"。

当年，阿童去广州后，日子并不好过，好在他一点也不怕吃苦。他从摆地摊卖手机套做起，一点点积累创业资金。其间，他住过地下室，也睡过马路，辛苦打拼了六七年，终于完成了资本积累，回到家乡，在县城最繁华的路段开了这家家纺店。

望着眼前商品琳琅满目、顾客如织的场景，我忍不住赞叹阿童真有商业头脑，他"嘿嘿"一笑，说："那些年拼死拼活，不就为了让今天好过一些吗？"

我笑笑，表示赞同。后来得空，也就常去他的店里转悠。直到有一天，我远远看见一个熟悉的身影——是丁老师。我和阿童争抢着向他走了过去。

亲切地聊了许久，关于我们的中学时代，只觉那些时光悠远又迫近，仿佛还在昨天。当我们将手中的酒杯碰响，祝贺丁老师到一所职校当老师，又出了几本书，还举办了个人书法展。丁老师又带着些许自豪，祝福我和阿童事业有成，明朝更辉煌。

那一刻，望着彼此眼中闪烁的亮光，我忽然想起了丁老师送我的那幅《和自己赛跑的人》，也想起那些年，我和阿童在操场上的一次次奔跑，只为超越当时不够优秀的自己。

或许，人这一生就是一场赛跑，陪跑的总是别人，对手却永远是自己。当我们奋发图强，超越了原来的自己，也就距离自己想要的生活愈近，而这也正是我们时刻不忘努力所追寻的生活的意义吧。至少对于丁老师、阿童和我来说，是这样的。

# 别让"内心戏"束缚你的成长

陶瓷兔子

我在地铁上旁观了一对母女吵架，觉得蛮好玩儿的。

小姑娘大概上高中的模样，正拿着手机刷新闻，忽然伸手戳了戳眯着眼睛打盹的母亲，紧张兮兮地说："妈，您看，新闻上说有一家人因为吃了泡得太久的木耳住院了，您以后千万别再把木耳泡那么久了，太危险了。"

做母亲的撇撇嘴："别信这些有的没的，我做了这么多年木耳，都是这样吃的，你还不是好好长大了。"

"昨天的凉拌木耳……您不会也泡了好几天吧？"

"是又怎么样？我做了这么多年饭了，还要你教我？我是你妈，能害你吗？"

"以后咱们就现吃现泡吧，您这种做法不安全。"女孩坚持。

"就你能是不是！"女孩话音未落就被母亲打断。

"你做过饭吗？长到十几岁，厨房都没下过一次，还在这儿挑拣我的不是，有本事你以后别吃我做的菜。"

"我天天下班累得要死，还要给你做饭，你不领情就算了，还教训起我来了，这么多年的书都读到哪儿去了？小没良心的，跟你爸一模一样。"

女孩在母亲的怒火和抱怨中败下阵来，草草嘟哝了一句"我不是这个意思"就转过头去,脸上也有愠色。直到下车,母女俩都没再说过一句话。

有次聚会,一位女友讲起自己的童年往事,竟差点掉下泪来。

她小时候,家里有段时间出了意外,欠了很多钱,父母都在外面打工还钱,而还在上小学的她,特别想要一个跟同桌一样的新款书包。

她软磨硬泡了很久,母亲才答应,只要她期末考试考到年级第一,就给她买新书包。

说这话的时候,她排在班里的十名开外。对新书包的渴望让她忽然爱上了学习,成绩突飞猛进,居然真的考了年级第一名。

她兴奋地把奖状拿回家讨要新书包的时候,却只听到了一声无奈的叹息:"昨天刚还了一笔钱,等我有钱了就给你买。"

这个书包,从她八岁欠到十八岁,再到二十八岁,即使后来家境好转,也没有人再想起来。

她有次回家偶然跟父母提起:"我小时候,你们忽悠我说考年级第一名就给我买书包,结果一直都没给我买,我失望了好久呢。"

不过一句笑言,却惹得父亲勃然大怒。

"那时候我跟你妈一天打三份工供你上学,你问过我们有多辛苦吗?一个书包你记这么久,我们为你做了这么多事,你怎么不说?"

她刚解释了几句,母亲就眼泪汪汪地跟着数落她:"我当时不那么说,你能努力学习吗?你后来能上大学吗?当年家里有什么好的都紧着你先吃、先用,你怎么能这么说……"

她那天几乎是从家里逃出来的,如今提起这件事,依然红了眼眶:"我根本就不是在翻旧账指责他们,他们把我想成什么人了?我在他们心里真的这么没良心吗?不过是想好好说句话,怎么就那么难?"

看似是同一个层面上的对话,其实对话的双方根本不在同一个频道上。

习惯了活在"内心戏"之中的人，往往特别容易陷入防御性倾听。

他们往往会给自己预设一个自我保护的立场，比如"她是在挑衅"或者"他可能是故意要激怒我"，使得所有后续的对话都像不受控制的小磁针，纷纷向自己预设的立场靠拢。

在这样的对话中，并没有"你"和"我"，有的只是一个人和他的"内心戏"。当地铁上的那个小姑娘说"您这种做法不安全"时，她的母亲听到的却是"你是错的"。当我的这位朋友讲起"我失望了好久"时，她的父母听到的却是"你们真是不负责任"。

一个在讲事实，一个在讲道理。

一个满怀怒气，一个满腹委屈。

更糟糕的是，习惯于防御性倾听的人往往无法意识到自己的沟通模式出了问题，当你告诉他"是你想多了""我没有这个意思"时，他们反而会更加生气。

如果你不得不跟这一类人打交道，最好的方法不是讲道理，而是找到并且避开他们的雷区。

知道对方特别在意对错，就不要用"你应该""你最好"这样的句式，可以尝试更委婉的聊天方式，比如："我知道一个方法……你觉得怎么样？"

防御型的人只是固执，但并不傻，只要不被踩到雷区，他们便有足够的理智来思考和吸收你讲的这件事，而不是急于证明"你是错的，我才对"。

如果你是防御型的人，不妨尝试主动跟对方确认他的想法，多采用"你的意思是……吗"和"你是不是想说……"这样的句式，来弄清对方的真实想法。

别让"内心戏"成为束缚你人生的茧房。

人生只有一次，别拧巴，好好活。

# 离开那个一直挑剔你的朋友

艾 润

"为什么我的朋友总是挑剔我？""为什么她不能用温和的方式跟我沟通，偏偏要当着众多同学的面让我难堪，还说是为我好呢？""为什么当我告诉她不要这样对我的时候，她反倒说我小心眼呢？明明是她的错！"

小 A 问了一连串的为什么，我感受得到她很生气，但更多的是无力。她一遍遍说自己很难过，这个朋友被她当作很重要的朋友，可结合长久相处的感受，她得出的结论是对方并不喜欢自己。

"那你可以不跟对方做朋友啊！你缺朋友吗？为什么非要为难自己呢？"我不解。

小 A 垂着头，过了半晌才开口："我缺朋友。"

十五六岁的女孩子，正值青春敏感期，会有很多难以排遣的小情绪，会希望通过自己的方式疏解这些情绪，寻找朋友就是一种方式。我看着她几欲落泪的神情，回想起我像她这个年龄的时候，也是这样，以为友情大过天。

我当时有个很好的朋友，好到什么程度呢？我所有的东西都是分成两份的，一定会有一份是给她的，甚至没有足够的钱买两份的时候，唯一的一份也要留给她。

我期许好朋友一生一世一起走，不过十几岁，就很轻易想一辈子的事。我们一定会是一辈子的朋友，我们要去同一个城市读大学，以后结婚了也要做邻居。我觉得她身上有很多优点，人长得漂亮，做事果断，人缘好，宿舍里所有人都喜欢她。为此，我要做得比其他人更好，才能成为她生命里最好的朋友。

我希望自己被偏爱。青春期的女孩子对待感情就是这么热烈，做朋友也希望成为对方心里的第一名。可我在她心里的位置明显没有那么靠前。对当时的我而言，这倒不是最重要的，抱着和对待学习一样的态度，努力往第一名靠近就可以了。可我能敏锐地感受到她似乎并不太喜欢我。比起维护和我的友谊，她更喜欢做的事情是挑剔我。她觉得我买的衣服很难看，她觉得我说话的声音太小，她觉得我性子太温暾，她说自己喜欢大胆有趣的女孩子。我难过的时候，想寻求她的安慰，她却抱怨我只知道掉眼泪。可她难过的时候，不管哭泣多少次，我都默默陪着她，递上纸巾，给予鼓励。而这些我在她那里从未得到过。

我心里难过，也不敢向她讨要一个说法，怕她说："我又没有要求你这么做，是你一厢情愿！"

可能我确实有那么点儿一厢情愿。那时候，我和小 A 一样，没有那么多朋友，可又无比向往来自外界的感情，女孩子一起讨论看过的小说，相约去小卖部买那种粘在一起的双层冰棍，你一根我一根坐在操场上吃完。

她是为数不多可以同我一起做这些事情的人，我很珍惜。为了留住这份感情，我默默忍受了其他方面的不快。我也有过和她敞开心扉的时候，告诉她我并不喜欢总是被她挑剔。可她义正词严："你本来就是这样啊，难道我说得不对吗？你看看你就是这个样子，特别小气，别人都不能说你什么！"我彻底败下阵来，明白沟通无效。

我省下零花钱买给她的礼物也并未见她珍惜。有一次我亲眼看到有个同学说喜欢她课桌上的小熊笔筒，她一把递过去，说："喜欢就给你啦！"

那是我送给她的礼物。我想上前质问她："凭什么？这是我送给你的礼物，怎么能这么轻易送给别人？"可我什么也没说，只是再也不想省下零花钱为她挑选礼物了。

大学时，我们并未在同一个城市，只是断断续续联系着。我开始有了新生活，拥有了更多的朋友，我的性格变得开朗活泼了许多，我也被室友们喜欢着。可我依然被她挑剔，偶尔打个电话，她还是会挑出我许多毛病。可她并不这样对待别人。她有很多在她看来很可爱的朋友，费尽心思也要去见一面的朋友。我突然意识到，我有幸在她心中占有一席之地，全靠我努力，实际上，她从一开始就并不欣赏我这样的朋友，故而习惯了挑剔。

是她不好吗？并不是，她也有很多对我很好的时候，但更多的是因为我对她好，让她感动，让她觉得有必要回馈我的这份好。她也有很多跟她志同道合、相处愉快的朋友，和那些朋友在一起，她明显快乐得多。

某一天，我突然想明白了这些。在我们工作后，有了各自的生活，我去她的城市找她。她又因为很小的事情指责我的时候，我真真切切感受到了委屈，但只是对着她笑了笑，没有辩驳。

那次会面后，我再没有联系她。她也没有联系我，甚至我生日的时候也没有送上一句祝福。

这段友谊维持了十年，我才意识到这十年好像是我一个人的独角戏。我用如今相对成熟的思维来剖析，发现当年那段友谊从一开始就缺乏相互欣赏的根基。任何感情，如果没有欣赏的成分在，当我们天各一方，没有相处的时间，总有一天会解散。

"青春期的友谊，你知道最重要的是什么吗？"我问小 A。她犹豫着说出了两个词语："在乎？成长？"

"在我看来，是快乐。朋友之间最重要的一点是相伴着成长，带给彼此宽慰和快乐。我们每个人都很重要，我们付出爱，也想要收获爱，这永远不会错。如果我们付出的爱得不到回报，还要受苛责，就要静下心来判断一下这份感情是否值得。"

本质上，我们渴望朋友，是渴望理解，渴望找到同类，渴望在一段用心营造的关系里得到快乐，如果没有，那么可能就不是一段良好的关系。

小 A 问："那我需要和她断交吗？"

我笑了笑，好多年没听过这个词了，我们上学的时候，和好朋友断交是要郑重其事用红笔写断交信的。那种执拗的单纯，也只有学生时代才会有吧。

我问小 A："你想和你的朋友断交吗？"她犹豫了一会儿，摇了摇头说："她偶尔对我也挺好的。"

"照这么看来，你们需要继续沟通。"我鼓励她，她的情绪好像舒缓了很多。

和小 A 聊完之后，我打开微信，搜索年少时那个朋友的名字。我们有两年没联系了，算是断交了吧。后悔吗？不。为这段友谊，我们都付出过、努力过，曾经的青春交织在一起，只不过后来越走越远罢了。我们已经不能互相欣赏、互相依靠了，那么就天各一方、互相祝福吧。

毕竟我也有权利选择做一个敏感的大人，得到朋友的认同和安慰。

# 总是担心自己被人超过，怎么办？

淮 叙

曾几何时，我深信那些站在巅峰的人，内心必定充满了无畏的勇气与坚定的自信。然而，当我亲自登上那第一名的宝座后，随着时间推移，尽管地位看似愈发稳固，内心却莫名滋生出一股愈发强烈的危机感。我所迎来的，并非想象中的豪迈与壮阔，而是一种无休无止、深恐自顶峰猝然坠落的恐惧与不安。

当宇承向我展示他进步的排名单时，我第一次感受到了恐惧。作为我最亲近的同桌及并肩学习的伙伴，我本应为他的进步感到开心，毕竟他今天的成就也有我的一份功劳。若非我们每日坚持探讨难题，也难以有如此明显的成果。然而，他接连几次的大幅度进步却让我感到一丝危机。在我看来，我俩渐趋接近的名次仿佛是对我的挑衅，宣告着他必将取代我的决心。我佯装笑容，竖起拇指对他说："不愧跟着我一起学习，做得真好啊！"但内心的心虚与嫉妒却难以掩饰。

一旦对某人或某事产生了特定想法，关于那个人的信息便会在不知不觉中涌现。我对宇承的在意，或者说对于自己被超越的介意，远超我的想象。它们逐渐侵蚀了我的生活，让我成为嫉妒的傀儡，任其转移我的注意力、支配我的言行。

数学课上的难题解答原本是我最喜欢的环节，如今却成了我心烦意乱的源头。当我的笔停滞在公式前无法继续时，我只感觉旁边的宇承已经完成了作答，正靠上椅背小憩。我用余光瞥向他的草稿本，满满当当的笔记似乎比我更有进展。我心乱如麻，握笔的手更加不知所措。公式的演算技法和宇承的草稿本在我脑海中来回交织，我无法专心思考，甚至开始想象他一脸自在和骄傲的样子。

当数学老师像往常一样向我投来期待的目光时，我却吞吞吐吐无法给出答案。习惯了胜者的姿态，偶然的挫败让我难以抬头。而当我听到宇承给出了错误答案时，我竟感到如释重负，这种情绪甚至超过了我自身的羞耻。我的喜悦不再以自己为标准，而是与宇承的对比。当他表现出得心应手时，嫉妒与不安便席卷而来；而当他面露困惑时，我反倒感到一种安心。

随着宇承的进步，我内心的焦虑和恐惧愈发难以遏制。这种情绪不仅针对宇承，更无意识地扩展到周围的每一个人。当我遇到难题无法下笔时，当我焦虑到笔都在颤抖时，我总感觉他们在注视着我，等待我从高峰跌落的那一刻，嘲讽我的狼狈。我在答题卡上胡乱涂写，心中的较量却从未停止。我担心稍有差池，便会失去长久以来稳居的首位。数字、符号在我眼中变得扭曲，原本清晰的公式也变得杂乱无章。

在一次收卷后，宇承像往常一样来找我交换答案并讨论思路。然而，在我嫉妒的目光中，他早已从一个共同进步的伙伴变成了一个可能造成威胁的竞争者。"没有，"我冷淡地回答，"别烦我，以后别来问我了。"我下意识地将自己的焦虑情绪发泄在他身上，仿佛我未能作答是他的过错。

宇承愣住了，不明白我为何突然发火，随后便甩手离开。我继续向上冲刺，排名虽稳在第一，但我知道我没有进步。无法攻克的难题，甚至是本应会做的题目都表明我在倒退。每一堂课、每一个课间，我都忍不住用余光观察宇承在做什么。尴尬的氛围让我们变得异常沉默。我无意间翻到了他的草稿本，那本我曾无数次在意和自我比对的草稿本。虽然解答思路谈不上多么清晰，但留下了一条条他努力实践过的解题路径。

在我一次次暗自划出与宇承的界限时，他或许从来都不曾将我视为超越的对手。他的对手刻在一遍一遍演练的草稿本中，从来不是一个人，而是真正的难题。或许此刻我该理解与承认宇承的进步是他应得的成果，并将那句"做得真好啊"的祝福真心实意地送还给他。

狭隘的心无法封锁知识，只会筑起阻碍自我前进的壁垒。超越，未必是人与人之间无休止的较量，更应是个人与自我潜能的深度对话。我所追求的突破，应是更高层次的难题。胜过他人并不会标榜我的进步，只有抵达一个又一个划定的阈值，才算达到真正意义上的自我突破。

我埋头于草稿纸上的繁复运算中，重新面对那些本可以攻克却因害怕被超越而分心的难题。当目光从他人的成就中抽离出来，转而专注于问题本身时，错乱的公式慢慢舒展开来，井然有序地排列在我眼前。我一行接着一行逐一化简，直到清晰的数字与答案完全契合。

我缓缓将草稿本推至宇承面前，微笑着对他说："我解出来了，我来教你吧！"在他错愕的眼神中，我顺着笔尖将思路层层拆解开来。或许我仍无法做到彻底不在意，忽而涌现的被人超越的恐惧仍时不时触动我的神经。但在他思索的眼神和我讲解时找到的新思路中，我似乎找到了超越与否的另一层意义。

# 17 岁的梦想榜单

程宇瀚

高二那年，被让人手足无措的理科摧残得斗志全无后，我选择来到这个文科班。在大家眼中，文科虚而无用，只有失败的"差生"才会选择文科，而理科，才是"优等生"的天堂。我所在学校的现状也的确如此，即使各科老师穷尽了热情与智慧，也没能改变每一届文科班只有寥寥几人上本科线的残酷现实。

日光之下，并无新事。一开始，自信满满的我们也会嘲笑历届学长，并发誓要打破"文科生很难考上大学"的魔咒，但一次次在考场上真刀真枪地比拼后，我们才明白自己也不过如此。班上的学生，要么基础不牢固，要么考不了高分，各有各的劣势和遗憾，只能眼巴巴地看着理科生们在每次考试中笑傲群雄。渐渐地，我们都觉得难逃命运之手的捉弄，即使拼命挣扎，也不过是赴一场"死亡"盛宴，只是"死状"不同而已。随着高三的来临，教室里的氛围陡然怪异了许多。成绩稍差的同学已抱有放弃的心态，用逃课、睡觉等方式进行着末日狂欢，"优等生"们则纷纷愁眉苦脸，整个班呈现出一派萧瑟秋风凉的景象。

初秋的一天，李老师找到了担任班干部的我。李老师喜欢剑走偏锋，做事经常不按套路出牌。这次，她交给了我制作梦想榜单的任务。

梦想榜单是什么？能提高我们的考分吗？尽管我怀揣疑惑，但还是按照李老师的要求买来卡纸，剪成一扇窗户大小的形状。她口中所谓的梦想榜单就诞生了。

课间十分钟，李老师拿着梦想榜单走进教室，故作神秘地示意大家安静下来。她要求每一个人把自己的梦想大大方方地填写在榜单上，可以是某所大学，也可以是一个分数，而且，必须实名制填写。这句话像一束火苗，瞬间引燃了大家的疑惑。我们都很不理解李老师的做法，梦想这东西藏在心中是浇灌心田的泉水，而一旦宣之于口，便显得矫情。况且，制定目标的做法很多班级都用过，也没见有谁在高考中成为一匹黑马，何必多此一举呢？

见自己的提议无人响应，李老师皱起眉头，语气委婉，却也暗藏锋利地说："原以为长江后浪推前浪，哪晓得你们这群'90后'还没我这个'60后'胆子大。这样吧，我带头先写，但我不需要参加高考，我就写其他的梦想吧。"说罢，她不仅"唰唰"地写上了"减肥20斤"和自己的名字，还自嘲式地拍了拍有些发福的肚腩。

此举，虽让当时的我们瞠目结舌，但带来的更多是感动。该是对学生有着怎样厚重深切的关爱，才能让一位老师，在众目睽睽之下如此"自黑"啊！

我们不再犹豫，有胆大的同学率先提笔写下了本省一所挺不错的大学，谁知惹得李老师扑哧一声笑出来。她很有文艺范儿地说："梦想可以是脚下的土地，也可以是天边的飞鸟。今天我要你们尽情做梦，大胆写，管它现实与否！大学有什么难考的，小意思！"在李老师的鼓动下，那位同学擦掉刚刚写的大学名称，写下了"复旦大学"。

受到这份自信的感染，我第二个上前，写下了"南京大学"这所我从前想都不敢想的学校。随后，又有几位同学凑上前羞涩地写下了几所名校的名称。

渐渐地，全班同学彻底放开，纷纷抢着、笑着在梦想榜单上快意书写着。李老师也趁热打铁，幽默地挥舞着胳膊说："孩儿们，都操起笔大胆写起来吧！"

顿时，沉寂许久的教室，变成一片欢乐的海洋。完整的梦想榜单新鲜出炉，写清华、北大的不算少，连哈佛、剑桥都出现了。单从榜单上看，真可谓人才遍布大江南北，以"高考最牛班"的噱头上新闻头条都妥妥的。那天，大家在意犹未尽的课间十分钟里，得到了彻底的放松。

原以为梦想榜单只是一段小插曲，短暂奏鸣后便会在高三的书山题海里偃旗息鼓，可是第二天，李老师居然把它高调地贴在了教室外面。是的，你没有看错，不是贴在教室里面，而是贴在每天人来人往的教室外面！

很快，我们班在全校一举成名。教室外面总有其他班的学生三五成群地聚在一起窃笑着，对着榜单指指点点。还有人拍了榜单的照片上传至学校论坛，帖子被"狂妄自大""神经病班级"等差评置顶。

多没面子啊！我们愤愤地坐在座位上，被这突如其来的耻辱弄得浑身不自在。很多人都想偷偷揭掉榜单，但由于猜不透李老师的葫芦里到底卖的是什么药，再想想她那藏在镜片后的犀利目光，便作罢了。

国庆节假期结束后开学，没关牢的窗户漏进了初秋的寒意。大家抱着书本三三两两怏怏地走进教室。忽然，我瞥见我的课桌上放了一张类似贺卡的东西，黄紫相间，让人眼前一亮。我疑惑地拿起细看，惊喜地叫了起来——竟然是南京大学的"录取通知书"！

我赶紧翻开，里面只有简短的一行字：程宇瀚同学，恭喜你已被南京大学录取。是字迹工整的手写体，一看就是郑重其事地书写上去的。虽然这是一份"山寨"录取通知书，但与它邂逅的刹那，那真实的质感与诚恳的文字，还是让我瞬间飘向了梦幻般的天空之城，仿佛我与那座神圣学府真的只差了这一纸喜报的距离。

　　紧接着，不断有惊呼声响起，全班每一个人，都收到了一份属于自己的"大学录取通知书"，封面上的学校名称与每个人填写在梦想榜单上的相吻合。为了增强真实感，每一份"录取通知书"都尽量仿照真实的录取通知书来制作。比如，北大的录取通知书以"中国红"的特色著称，那个梦想考北大的同学收到的礼物，封面就被涂满了红色水彩。

　　后来我们才知道，为了赶制这批礼物，作为资深"驴友"的李老师甚至放弃了旅游，整个国庆假期都宅在家中。

　　那天晚自习，全班异常安静。我盯着小心翼翼捧在手心的"录取通知书"，心里五味杂陈。为什么那令人神魂颠倒的成功滋味顷刻就烟消云散？为什么这么多年来自己都甘于平庸？想着想着，竟有泪水涌出，滴滴答答落在试卷上。其他同学也同样不言不语，我相信，他们定有着和我相同的遗憾和惆怅。

　　"也许我的做法有些欠妥，伤害了某些较为敏感的同学的自尊心，在这里，我先给这些同学诚恳道歉，但是——"讲台上的李老师话锋陡转，解释起了自己的用意，"我的目的只有一个，那就是让你们率先知道成功的滋味是多么醉人。一纸仿制的'录取通知书'尚能让你们这样欣喜，假如你们真的考取了理想的学府，那这样的喜悦将会更真实、更长久。梦想榜单我会一直贴在教室外面的墙上，直至高考结束；而你们手中的'录取通知书'，我希望你们能夹进书中、放在心上，陪伴你们一直走下去。文科生绝不是'差生'，大学也并不难考！"

　　以前，各科老师也会这样在我们耳边念叨"心灵鸡汤"，但对久经考场的我们来讲，无任何作用。但是这次，李老师的话不仅祛除了我们心间的魔障，还让这颗心重新变得柔软、滚烫。

　　从那一天起，再没有谁嚷嚷着要揭去墙上的榜单。在李老师"大学不难考"的感染下，班上的学习氛围浓郁起来，请教问题的同学将老师围得里三层外三层。其他人的"录取通知书"去了何处，我不得而知，我把自己的"录取通知书"藏进课桌，在黑夜漫长、滴水成冰的那个高三冬天，只要偷偷摸一摸它，心中就涌上一股暖流。

我曾偷偷观察过理科班的高三同学，愁眉苦脸，日益垒高的书堆藏不住青春的忧伤。教室里除了吊扇孜孜不倦地转动着，再无其他生机。而我们这个外人眼中的"烂班级"，在高三下学期班级氛围却出奇地好，大家一起学习、娱乐，嘻嘻哈哈笑成一片。人人都嚷嚷着待到九月时，一定把在未名湖畔或清华园的留影传给大家，仿若那些名校离我们真的只有咫尺之遥。

高考后，班上考取本科院校的同学有十几个，就连没上本科线的同学都满意地说"过瘾过瘾""不后悔"。虽然全班没有一位同学考上自己梦想榜单上的学校，但我们已取得了突破性进展，与外人眼中的文科班大相径庭。毕业聚餐，明明说好了只能快乐不能悲伤，但比画着剪刀手喊着"茄子"的我们，还是把李老师围在中间，哭红了眼睛。

就算每一个人的愿望都落空，但这场青春，依然以狼狈开始，以美好收尾。

时光匆匆如流水，一场青春大梦醒。那间种满紫罗兰的教室又装进新的欢声笑语；曾并肩作战的我们，就这样散落在天涯海角；而李老师，一定白了两缕鬓角。但是，无论过去多少年，无论走多远，我们都会深深地感激李老师。那一年，是她站在我们高三的尾巴上教会我们乐观自信，为我们苍白的成长史画上鲜活闪亮的一笔。

那张梦想榜单，将永远贴在永恒的十七岁里，承载时光，永不泛黄。摆脱了自卑迷茫的我们，将会在往后的人生道路上愈挫愈勇，像墙角的青翠藤蔓一样生生不息，逆光生长。

# 你的野心，要配得上你的努力

李尚龙

一

每个人都有野心，尤其是在年轻的时候。但随着年纪的增长，屡经挫折，人的野心渐渐退化成决心，决心变成安心，安心变成随心，随心变成无心改变，然后我们就开始嘲笑那些有野心的年轻人。

这些年我交的朋友，年纪几乎都比我的年纪大，有些甚至是与我年纪相差很多的长辈，他们的孩子只比我小几岁。于是，我经常被邀请去参加他们的家宴，经常被某个只比自己小几岁的孩子叫"叔叔"。

在一次家宴上，我这个当叔叔的目睹了一次家庭冲突。高考填报志愿，儿子想学摄影，父亲是一名工程师，坚持让儿子报考当地的工程大学，将来子承父业，稳定踏实，儿子能待在自己身边，日子也能过得不亦乐乎。

那顿饭吃得很不开心，父亲滔滔不绝，儿子低头不语，我在一旁如坐针毡。眼看桌子上的红烧肉凉了就不好吃了，于是，我率先张了口："哥，听听小侄子的想法吧，都是你在说，他都没张口。"说着，我夹了一块红烧肉放到孩子的碗里，顺势又夹了一块给自己，顺理成章地吃了起来，味道还不错。

孩子说得很简单："我从小就喜欢摄影，还获了很多奖，我觉得我以后会成为一名优秀的摄影师，会拍出世界上最好的照片。"

听到这儿，红烧肉在我的嘴里忽然失去了味道。他说的那番话不像一个十八岁的孩子说出来的，而像一个十岁的孩子讲出来的。

然后，他父亲开口了："年轻时有野心是好事，但我告诉你，你肯定会后悔的。"

趁着他父亲讲这没味道的话时，我吃完了红烧肉，看了看他，咽了下去。

他父亲继续说："谁还没有年轻无知的时候啊！"

我接过话来，说："年轻不一定无知啊！年龄并不能决定智商。如果他后悔了，那就让他后悔呗，这么大了，还这么有想法，即便后悔了也是他自己的事，若不后悔那岂不是更好？"

他父亲夹起一块肉，囫囵地咽了下去。看得出，那块肉对于他来说也味同嚼蜡。

在回家的路上，我看着北京的夜色，心情久久不能平静。我们从什么时候开始，失去了野心，又从什么时候开始，连有野心的人都不相信，还要嘲笑人家一番了呢？随着年岁增长，那些曾经美好的执着、伟大的野心，也都随着时光烟消云散了吗？

想到这里，我忽然有些感伤。

好在后来我得知，那个孩子最终还是学了摄影。他今年读大三，获得了国家奖学金，过得很好。


二

直到今天，我都很喜欢和那些有野心的人在一起玩，更喜欢和有野心的人成为朋友，无论年纪大小，他们都必定是有趣的人。因为他们对这个世界充满希望，相信明天，认为自己会越来越好。这样的人很少，但也的的确确存在着，是他们点亮了这个时代的夜空。

可只有野心，远远不够，你的努力，还必须配得上你的野心；否则只有野心，不行动，人就成了妄人。

这些年，我见过好多学生，喜欢在深夜时励志，说自己总有一天会成为人上人，然后让我在社交平台上关注他们。我时常感到毛骨悚然。午夜时分，他们给自己罗列了好多第二天要做的事情和要实现的目标，这种野心像是誓死的决心，但结果呢？

第二天晚上，他们又罗列了一遍一样的目标。

我其实不赞同到处说自己的野心和梦想，有时候野心和梦想一旦说出来，自己往往就泄气了，除非你是一个需要被人监督才能向前走的人。

所以，当你有了野心，别着急表露出来让世人知晓，默默地把它埋在心里，用每天的努力来灌溉它，让野心发芽、结果，成为生命的一部分。

## 三

有野心是一件很美好的事情，你不需要告诉别人，不需要声张，它是你与自己的约定。

你告诉自己要飞到月亮上，但有一天你会明白，自己并不能生出翅膀。不过你通过自己的努力，能随时买一张飞机票，从天空中俯瞰大地，也能拥有飞翔的感觉。

这样的努力，也配得上你的野心。

我曾经在自己最无助的时候，在日记本上写过一句话："你要盲目自信，要相信自己定下的目标，不要管别人怎么说，目标一定会完成！"

后来我长大了，看到纸上"盲目自信"那四个字，总会特别庆幸。是啊，我在一无所有的时候，有了盲目自信，我的野心重新回到了心中正确的位置，有了野心，谁的打击对我都不好使，我就是要埋头向前，迎接每天的挑战。

后来我把"盲目自信"这四个字送给了许多读者，告诉他们，不要管别人怎么说，不要管这个世界是什么样，不要管身边的人如何颓废，你都要坚守自己的目标，安静地奋斗，每天进步一点点，这些都是灌溉你的野心的养分。

直到有一天，野心成了现实，目标成了目的地，"盲目自信"也就自然变成"合理自信"了。

记住，野心就是你和自己的约定，不要管这个世界有多么糟。

肆

父母的爱，不会因为平凡而失去光芒

# 父母的付出都在孩子看不到的地方

闫 红

有次去外地做活动，在交流环节，一个大姐说，她女儿很优秀，现在在国外读博，但是前段时间视频聊天时，女儿怪她以前太严格，让自己没有一个金色的童年。

大姐说，女儿的这句话让她心里难过了很多天，她一直在想，自己真是这么差劲的妈妈吗？

说实话，我一直反对那句"天下无不是之父母"，也看到有些父母对孩子产生伤害。但是这位大姐会因为孩子的一句话而反省很多天，我觉得她是个有同理心的人，不会多糟糕。

我对她说，没有完美的父母，父母也是肉体凡胎，不可能面面俱到，有了这样好处，就不可能有那样好处，各种优缺点此消彼长。

我曾经很羡慕一些朋友的父母（希望我爸妈看到这里不会生气，我在下文中是要转折的），他们对孩子的关怀无微不至。比如说我有个朋友，她妈妈对她有多好呢？小时候她家里没有卫生间，晚上坐痰盂上小便，她妈都是自己坐上去焐热了再让她去坐。

她上大学时，她妈妈把她送到学校，在她们寝室住了半个月，帮她搞清吃饭上课的流程，然后跟室友拉关系，希望初次离家的女儿能受到善待。等到她结婚生娃，她妈妈对她仍然是一千一万个不放心，她但凡有点头疼脑热，她妈妈就会心急火燎，煲汤送到单位来。

她跟我抱怨过，觉得在她妈妈眼里，她太无能。我说爱你的人才会觉得你什么都搞不定；不那么爱你的人，会觉得你无所不能。

哈哈，我这句话，好像说得有点酸溜溜的。我爸妈，未必觉得我多能干，但从不担心我做不好。

我上中学时，赶上大一点的考试，很多同学的父母都在学校门口候着，孩子一出来，就第一时间嘘寒问暖，送上水果、饮料等等。

有同学很不耐烦，说："我叫我爸赶紧走，我爸就是不走。"听在我耳朵里，就觉得她是在嘚瑟。

我爸妈绝不会给我添这个"堵"，他们太有平常心了，该干啥干啥。我上高中时有一次觉得反正也考不好，干脆连考场都没去，就在家待着。我爸妈进进出出，对我熟视无睹，还是班主任打电话来，我爸妈才知道我在放飞自我呢。

去外地上学时，我爸送过我一次。后来我到省城工作，一个人背着包来的，好几个月之后，我妈才来看了我一回。

我爸妈心态都非常放松。别人家的孩子懂事，在外面报喜不报忧，怕父母担忧。我完全没有这种顾虑。

就算是我做阑尾炎手术，我爸妈的态度也是雍正的那句最常见的批复："朕知道了。"甚至我跟什么人结婚，我爸妈也不会发表任何意见，差不多就行了，我感觉他们"差不多"的范围挺广。

所以我内心一直有点淡淡的缺失感。我自己带孩子属于无微不至型，十几年来，除了极少数的几次出差，我基本上都围着他转。我的孩子十多岁时，几个小朋友谈理想，他说，他的理想是当个作家，因为可以照顾自己的妻子和孩子。

看，这就是榜样的力量，很感人，不是吗？

但渐渐地，我也发现，任何事情都有两面性。像我爸妈，对我的健康状况不紧张，首先，因为他们比较务实，知道帮不上忙，干着急只会添乱；其次，他们是界限感很分明的人，总说"各有各的日子"，能不互相打扰就不要互相打扰。

我爸妈自己生病，也不会通知我。去年我爸突发脑梗，都没跟我说，等我知道时他已经快痊愈了。我要回家，我爸妈都连连拒绝，说眼下没啥大问题，你回来也没用。

我想也是，有这个时间，不如帮我爸把他那些稿子编出来，他可能会更高兴一点。

我爸妈的确不是时刻爱心大爆炸的父母，但他们对我也是零要求。我现在经常回想，我读书时成绩那么差，我爸妈也没因此觉得没面子，他们好像很能接受"不是所有的孩子都是学霸"这件事。

我高二时选择退学，我爸说："没关系，你就在家写作吧，老爸一个月工资五百多，还有稿费，养你二十年没问题。"

然后我弟也退学了。我现在想想我爸当时的处境，换作他人会直接崩溃吧。而我爸没有，他心平气和地斥巨资买了一台照相机给我弟，说："要不你就学照相吧。"现在我弟开的人像摄影加盟店有几百家。

我爸妈对我的婚恋从不指手画脚。我爸还跟我说："一个人若足够优秀，不结婚也可以。"虽然他设置了"足够优秀"这个前提，不太正确，但是相对于有些觉得哪怕女儿优秀到天上，只要不结婚就是失败的父母，已经很开明了，不是吗？

前段时间，我跟我妈说，只要我孩子健康快乐就行，我妈深表赞同，连说"对对对"。

而我自己的一些奇葩之处，也只有我们家人能够包容。比如说，这几年我每次回家都住酒店，一是回家住不了几天，我妈要洗被子、晒被子，太折腾了；二是我离家多年，生活习惯和爸妈差别很大，当然也可以凑合一下，但是好不容易回来一趟，大家都舒舒服服的，不是更好吗？

加上我本来就是个酒店爱好者，家乡的酒店物美价廉，我有一次在某五星级酒店包了个有三张床的套间，一晚三百多块钱，我干脆邀请我妈一起住。我妈也很高兴。

我爸妈对儿女的生活没有很强的好奇心，都很有自知之明，知道过问也是瞎操心，白白让儿女紧张，或者不痛快。

我享受他们给予的宽松，就无法享受那种被热烈爱着的感觉。人世不就是这样吗？我知道，有那种不照管孩子，只想管理儿女的父母，这种情况的确令人同情。但我想，大多数的父母都是普通人，不可能把分寸掌握得正好，用一个普通的人性版本跟他们比对就好了。他们不是全知全能的上帝，我们同样不是。

# 15 岁那年，我看见了爸爸的眼泪

〔美〕A.芙仁德

我问我爸，我是否有过让他哭的时候，因为，我不记得他在我面前流过眼泪。

爸爸说："有过一次。"爸爸告诉我，在我三岁的时候，他将一支笔、一美元和一个玩具放在我面前，他想看我会去抓哪一样。爸爸说，这是中国人的一种测试，所抓到的东西就是孩子长大后最看重或珍视的。

笔代表知识、学问、智慧，钱代表财富、健康，玩具则代表玩乐、享受。爸爸说他这样做完全是出于好奇，不过，他还是对我会抓哪样东西充满了期待。

爸爸说，三岁的我坐在那儿，盯着眼前的东西看了许久，他坐在我对面，耐心地等待着我的选择。

爸爸说，我开始往前爬了，他屏住呼吸，我却罔顾那三样东西，径直向他爬去，然后扑到他怀里。爸爸说，他从来没有想过自己也是其中的一项选择。

那是第一次，而且是唯一的一次，我把他弄哭了。

# 不要让自己的妈妈，羡慕别人的妈妈

小　虫

这天放学后，他如往常般踏入家门，径直走向电脑，打算在游戏中寻片刻欢愉。在等待游戏好友上线的间隙，门外隐约传来母亲与隔壁阿姨的交谈声，话题自然而然地落到了孩子的学业上。阿姨总是乐此不疲地分享着孩子的优秀成绩，而这次，她的孩子更是以年级第一的佳绩惊艳众人。

"哎呀，我的乖乖。"母亲惊异地赞叹着。

从她的语气中，他都能想象到母亲当时的神情，她一定眼睛瞪得大大的，嘴里发出啧啧啧的声音。

"真是比不了啊。"

母亲的语气中夹杂着一丝不易察觉的苦涩，这让他心头一紧。一个小时前，母亲接他放学时，恰好瞥见了他那张不及格的试卷。

他漫无目的地敲打着键盘，今天也不知怎的，朋友们都没上线，他有些烦躁。

阿姨炫耀一番后离去，留下一句意味深长的话："孩子啊，还是得严加管教。"

大门合拢，他终于得以喘息，但这份宁静却显得异常漫长，家中失去了母亲往日的忙碌身影和脚步声。一股不祥的预感悄然升起，他转而望向窗外，试图分散注意力。

深秋的黄昏，树叶悄然换上金黄，一片落叶缓缓飘落，悄无声息。就在这时，母亲的脚步声由远及近，他心中五味杂陈，揣测着母亲的情绪。然而，预料中的责备并未到来，取而代之的是厨房里熟悉的锅碗瓢盆交响曲。

他侥幸躲过一劫，却又感到一丝空虚。按照惯例，每次成绩公布后，母亲总会唠叨几句，虽不严厉，却也让他不敢怠慢。而今天的平静，让他心生疑惑。晚饭时，他心不在焉地应对着母亲的关怀，脑海中回荡着朋友因成绩不佳被禁玩游戏的消息。他甚至有些期待母亲的责备，却终究未能如愿。

饭后，他呆坐在房间里，失去了玩游戏的兴趣。客厅里电视机的嘈杂声反而让房间显得更加寂静。电话铃声响起，他竖起耳朵，隐约听见母亲与父亲的通话内容。那句"要是咱家孩子也能像隔壁小智那样就好了"如同利箭般穿透他的心房。他透过门缝窥见母亲的背影，那一刻，他仿佛看到了母亲眼中的羡慕与失落。

一种前所未有的失落感涌上心头，但他并未因此怨恨母亲。当母亲起身关闭电视，准备回房时，父亲的话语透过门缝传来："行了，他再不好也是咱们的儿子，你不心疼我还心疼呢。"这句话如同一股暖流，瞬间温暖了他的心房。

是啊，无论他表现如何，母亲始终爱他、关心他，为他准备一日三餐，接送他上下学，满足他的生活所需。所有的不满与躁动在这一刻烟消云散，取而代之的是深深的愧疚。

第二天清晨，餐桌上摆满了母亲精心准备的早餐：鸡蛋、牛奶、玉米、蓝莓和核桃。她一边忙碌一边念叨着各种食物的营养价值。他突然开口："老妈，以后我没考好，你也骂我几句吧。"母亲笑着回应："骂什么骂，又不是第一次了，早习惯了。"那笑容中虽有无奈，却绝无失望。

　　他开始暗自努力，进步速度令人咋舌。两个月后的一天，当母亲为他收拾书包时，意外发现了一张满分的试卷。她愣在原地，手微微颤抖，这是他第一次看见母亲如此激动。

　　空气中弥漫着愉悦的气息，他淡然一笑，坐回椅子上，向后靠去。这一刻，他没有狂喜，没有骄傲，只是轻轻地舒了一口气，享受着这份来之不易的宁静与满足。

# 妈妈在成为妈妈之前，是什么样子

林一芙

一

我以前的公司，是允许职员带着孩子去上班的。所以每到学校放假，孩子们在走廊里蹦蹦跳跳就是常事。

记得有一次，一个小孩跑着跳着突然跌了一跤，被身边的一个老同事扶起来。老同事摸着他的脑袋，数落道："这劲头还真是和你爸爸当年一模一样啊！"

那个小孩正追着前面的孩子跑，膝盖上的土都没来得及拍，吐了吐舌头，就跑远了。

小孩的爸爸是我们科室的同事，一个极其老成持重的三十多岁的壮汉。在我的印象里，他做事很有责任心，常常通宵达旦地在单位赶工。老同事在回办公室的路上还不停地说："你看小陈的孩子，和他当初进公司时一个样儿。"

我进公司太晚，没有见过成为父亲之前的小陈。我用大脑稍微还原了一下，大概就是一个每天对生活充满意见的小伙子，不太乐于和乱糟糟的生活握手言和，总是一身反骨地面对人生。

那个对世界充满成见的年轻人去哪儿了？怎么变成了现在温润谦和的职

148

场老人呢？

## 二

我们很少想过，妈妈在成为妈妈之前是什么样子；也很少想过，爸爸在成为爸爸之前是什么样子。

从前，我以为我妈特别胆大，什么都不怕。

我特别怕蟑螂，家里每次有蟑螂出没，我都孬种似的躲在角落里呼唤我妈。

每每这个时候，我妈都会火速前来支援，拿只拖鞋进来，左顾右盼，大喊着："在哪儿呢？在哪儿呢？"

结果，前些日子，台风天，家里的纱窗开了个小缝儿，飞进来一只蝙蝠。

那是我第一次看到这样的画面：她拿着苍蝇拍，一边瞎嚷嚷着，扭过头不敢看；一边漫无目的地乱挥着手，吓得那只可怜的蝙蝠也跟着慌不择路地乱飞。

我实在看不下去，就接过拍子，说："你还是把拍子给我吧，我不怕蝙蝠。"

我看她一声不吭地躲在电脑旁边，觉得又好笑又有点心酸。

我记起翻妈妈小时候的相册，一个稚气未脱的精致小姑娘，扎着头花，抱着洋娃娃坐在小木马上。

翻了几页，照片里的姑娘大一些了，长成一个穿长裙的少女，站在海边，纤细又美丽。

那个怕黑又怕"鬼"的小女人，在所爱之人最脆弱的时候，变得极其强大。

## 三

《我们仨》里面有一个情节。

杨绛和钱锺书一起处理虾，刚开始杨绛还假装勇猛地说："不就是虾吗？

我懂的，要剪掉须须和脚。"

结果她刚剪了一刀，虾就抽动起来，她吓得扔下剪子，扔下虾，逃出厨房。

后来，女儿和丈夫先后离她而去。钱锺书走的时候，这个连虾都不敢剪的女人，附到爱人耳边对他说："你放心，有我哪！"

杨绛说："媒体说我内心沉稳和强大。其实，锺书逃走了，我也想逃走，但是逃到哪里去呢？我压根儿不能逃，得留在人世间，打扫现场，尽我应尽的责任。"

并不是她不再害怕了，而是面对更弱小、更需要她保护的人，她遏制了自己的恐惧。

有的时候我们不再恐惧，不是因为恐惧感本身减弱了，而是因为我们有了"必须不能恐惧"的理由。

过去我看到母亲年轻时的照片，总是感慨岁月荏苒。

"真是可惜，她就这样妥协于每个人必须服从的命运。"那时，我在心里说道。

为人父母，在曾经的我看来，大概是天下最不幸的事了。

一个个美艳灵动的少女，本该和闺密一起喝着甜蜜的下午茶，却转眼间有了孩子，抱着孩子每天围着灶台走来走去，关于柴米油盐的话题占据了生活的全部。

但其实为人父母还有另一种含义——开始变得勇敢或者温和，开始接受以前不能接受的事情，开始因为被人依赖而咬咬牙坚持努力。


## 四

妈妈是在我们出生之后才成为妈妈的。

那个明眸善睐的少女一定在你刚出生时，对着襁褓里嗷嗷待哺的你，说：

"谢谢你做我的孩子，那些曾经令我害怕的东西，我不会再让你碰到。"

爸爸是在我们出生之后才成为爸爸的。

那个叱咤风云的男孩一定在你刚出生时，对着襁褓里嗷嗷待哺的你，说："从今往后，我们想给你一个安定的家庭，想给你安稳快乐的童年。"

你我的父母都如是，而我们中间的大多数人，也终将会成为如他们一样的人。

# 一个人最大的教养，就是体谅父母的不易

南香红董馨

4月的华中科技大学进入了真正的春天。在这个春天里，该校能源与动力工程学院2003级的学生夏琰感到了发生在自己身上的某种微妙的变化——自信和快乐。

夏琰觉得这种变化和寒假里的一项作业有关。在这个寒假里，能源与动力工程学院2003级的四百多名新生被要求完成一份家庭作业：回家给父母洗一次脚。

夏琰完成了她的作业。"太别扭了"，为母亲洗了脚的夏琰这样描述她开始时的感受。

不只夏琰有这样的感觉，反应最强烈的是那些男生们。"大男人干这事总是不好意思的"，说话的男生低头垂目的样子，充分注释了他的"羞涩"感受。

"当我在班上传达顾老师布置的作业时，班里突然静了几十秒，接着大家就窃笑起来。"曾任一班之长、现任年级团干部的徐亚威回忆，当时大家的感觉一是出乎意料，二是难以接受，觉得这个作业太形式化，太不符合中国人的感情表达方式了。

"回家给父母洗一次脚"的要求，随着顾馨江老师发给每位学生父母的一

封信，进入了城市、农村的家庭。年级辅导老师、作业的布置者顾馨江老师告诉记者：有一半同学完成了作业。

"寒假作业做了吗？"返校的学生之间有这样的一句问话，但回答一般只有"做了"或者"没有"。"没什么可交流的。不管是洗了的还是没洗的，大部分人觉得那种感觉不太正常，蛮别扭的。"夏琰说。

尽管大家都在沉默，但"洗脚作业"还是触动了内心一些微妙的东西。在一次主题团会上，诉说的闸门因为某种气氛而打开。"很多同学说到自己的家庭和父母的时候都哭了。"团干部徐亚威说。

## 洗和不洗就是不一样

"他们真的是很害羞的那种。"黑龙江女孩孙微这样形容她的父母。

同样，孙微和父母表达感情的方式也是很"害羞"的。"我一直想给他们洗一次脚，从放假回家的第一天起我就惦记着这件事，但就是开不了口。"

直到那封信的到达。信到家时已经是大年初二。看到信，父母的第一反应是推辞。"晚上9点的时候我又提出来了，我说'妈妈，你看这是学校留的作业，我必须完成，我得给你洗一次'，她就同意了。"

孙微打来水，母女之间突然什么话也没有了，电视独自响着。妈妈的脚放入水中，孙微的一双手碰到妈妈的皮肤。那一瞬间，孙微触到了妈妈脚上粗糙的老皮。"我妈妈年轻的时候很漂亮，现在的妈妈真的老了很多。"

孙微说她很久没有和妈妈这么近地接触过了。她从高中开始就住校，学校离家远，一个月难得回家一次，高三时回去的就更少，回家也只是问父母要钱或拿点日用品。

脚洗了大约10分钟，母女俩没有说一句话。"我当时使劲低着头，没敢看我妈，我怕我会哭。我当时想了很多以前的事，母子连心，我想我妈妈肯定也想了很多。"

"我觉得父母为我们付出的真的很多。我爸爸特别喜欢吃臭豆腐，但我就是闻不了那个味道，所以我在家时，他再想吃也没吃过一口。洗脚那天，我爸不在家，后来我就走了。我当时就想，以后一定要给他补洗一次。"

这个当年高考时发誓东北三省所有大学都不上，一定要离家远点的女孩，忽然觉得有一种和父母亲近的需要："我返校的时候，他们来送我，我看着他们，眼泪不由自主地流下来了。"

夏琰说，洗过一次觉得好多了，下一次回家再洗的时候，就会觉得舒服很多。她认为，对父母表达爱的方式很多，这只是其中一种，而且是需要特意去做的那种，和父母多交流也是一件挺不错的事。

尽管如此，夏琰在给妈妈洗脚的时候也没敢抬头，她怕自己感情失控。上初中时，老师布置过一个作业，回家对父母说"我爱你"。"当时我觉得怪怪的，我们平时从不这样表达感情。"憋了很久，夏琰终于在一天晚上突然对正在看电视的妈妈说："妈妈，我爱你。"爸爸妈妈吓了一跳，马上说："我们也爱你。"

"我突然大哭起来，有一种火山爆发的感觉。他们也觉得很突然，很感动。"

可能是不习惯这样的感情表达，或者害怕突如其来的感情冲击，夏琰的爸爸在夏琰给她妈妈洗脚的时候，飞也似的"逃"到床上。夏琰没能给爸爸洗成。

"洗了以后你会发现它不是一个作业那么简单，洗和没洗绝对是不一样的。也许有人会说这是一种形式，但如果他们真正为父母洗一次，他们就不会这样说了。"完成作业的同学如是说。

## 洗脚太做作了

另外一些洗了脚的同学并没把这事看得那么重。尹俊俊说，回到家的第一天就和妈妈说了，第二天父亲先让他洗了，洗了之后发现很舒服，就每天都让他洗。父亲是个体户，看到儿子懂得孝敬父母很高兴。尹俊俊的妈妈平时和儿子无话不谈，觉得洗个脚也没什么。

而没有完成洗脚作业的同学有的说是忘记了；有的说是父母认为没有必要，自己也就没有坚持；有的是自己和父母都觉得不好意思。来自湖南岳阳的傅维炎说，没给父母洗脚，是觉得洗脚太做作，太形式化了。自己粗枝大叶的，不会因为洗次脚就和父母的感情增进多少。

有的同学说，自己无论如何也过不了这个坎儿，将来挣钱了，可以给父母买很多好吃的，可以照顾他们，但洗脚这种事他们做不出来。

江苏连云港的张家灿反对用这种方式和父母沟通。他说，这个作业他是故意不做的，而且下次还不会做。因为它太刻意了，对父母的爱不该通过这种强制的方式来表达。

和张家灿同宿舍的两个男生都赞同他的观点。

"如果到了给父母洗脚时才发现对父母的爱，那这个人就白活了。"张家灿告诉记者，他小学一年级的时候就懂得父母的不容易。父母是做水产生意的，每天披星戴月，特别辛苦，寒假张家灿每天都去摊位上给父母帮忙。

"对父母的爱应该在平常的小事中体现。"这位个头有1.90米的小伙子说。

张家灿说，他和父母应该能够体会对方的情感。他每个周六都给家里打电话，电话总是响了一两声就通了，他明白那是妈妈守在电话旁等他。

## 农村的和城里的

和同学的访谈进行到十多位时，一条规律似乎就显现出来：来自农村的学生比城里的学生更难完成作业。让农村的孩子与父母表达或交流情感似乎有点奢侈，或者说，上了大学会使孩子和父母产生更多隔阂。

来自安徽太和农村的刘栋材没完成作业，因为他一直想找个只有他和父亲在家的时间，觉得只有这样他才能说出口，但家里兄弟姐妹太多，一直找不到这样的机会。

父亲在他的印象里是威严的："小时候没少挨打，所以我从来就不敢和他沟通。"

"对我爸来说，最好的孝顺就是学习好，将来能有出息。我爸希望我们走出农村，所以拼命地让我们上学。"

刘栋材家里还有三个兄妹在读高中，两个在读初中，大哥去年考得不好，今年仍在复读。刘栋材家是邻近几个村唯一一个所有孩子都在上学的家庭，而且所有的孩子都在远离父母的异地读书。家里十多亩地，劳力只有父母两个，"他们一年到头都很忙"。

刘栋材有点后悔没有给父亲洗脚。

他高中的时候就开始借钱读书。他现在读大学完全靠贷款支撑，第一学期贷了五千多元。平时父亲不让他往家里打电话，怕花钱，但父亲上学期突然来了一趟学校，走时留下一句话："你的成绩单是对我最好的孝敬。"

来自湖北房县的席炎炎给当农民的父亲洗了脚。三五分钟草草洗完之后，父亲说"谢谢"。"谢谢"，是这对父子间绝少使用的词。

"当时我流泪了，觉得很久没有和他那么亲近了。"席炎炎说，"我爸学历低，人也比较严肃，我和他说不到一块儿。我尽量避免回家，放假我总是最晚离开学校，又最早回来。今年我年初五就回校了。"

席炎炎十多岁丧母，从初中开始就一直住校，"觉得家里容不下我"，无论什么事，高兴的还是烦恼的，第一个想告诉的绝不会是父亲，"我和我爸没有共同语言"。

尽管席炎炎说"五一"和暑假都不打算回家，但他其实还是很想爸爸的，也知道爸爸很想他。"上中学回家时，我爸总会给我做很多好吃的，但两个人总也热闹不起来，实在不行我就用当时的国内外大事来打破僵局，但他对这个也不太感兴趣，他和我说农村的事，我也没兴趣。"教育似乎彻底改变了这对父子的关系。

席炎炎说家里常年只有父亲一个人，很孤单，但他还是不想改变和父亲的关系，因为两人都习惯了。

"如果顾老师让我们再给父母洗一次脚，我还会给他洗，但要是不布置，我不会主动去洗。"席炎炎说。

来自城市的学生就和父母亲亲近很多。不少学生告诉记者，他们和父母无话不谈。如果觉得有些事父母会不同意，他们一般采取的策略是软磨硬泡、慢慢同化或者干脆不说。

城里的孩子和父母关系的亲密程度，似乎更多地取决于家庭成员的性格、文化背景。已快20岁的这些大学生们，不少人在家里还和父母撒娇。一位同学说他不好好吃饭，都上高一了，妈妈还常常把饭端到他跟前，"就差亲自喂了"。一位家住武汉的男生，到现在还让妈妈帮他挠痒痒。一位来自贵州的女同学说，她出门上学父母像丢了魂似的，每天不知道做什么好。

而农村家庭的学生更多地承受着生活的重压，显得懂事成熟。他们大多数从初中开始就在县中学寄宿，很多人七八年没怎么和父母接触，对父母"敬"更多于"亲"。

## "洗脚"与人格教育空当

辅导员顾馨江洗脚的想法来自一则广告：一位母亲每晚给老人洗脚，感染了自己的孩子。当然，受感染的还有顾馨江。2001年的一个晚上，他坚持给父母洗了脚，那时候他刚刚大学毕业。

上大学的时候，有一次他突然回家，发现父母的餐桌上只有一碟小萝卜、一碟小白菜。他突然体会到父母供他上大学的不易，心中有一种愧疚，也有一种责任感。那次洗脚是一次报答，但他也从中找到了一种"成人"的感觉。

"人老脚先老，我给父母洗脚才发现他们确实老了，自己应该挑起家里的重担。我想让学生们也能感受到父母双脚的粗糙，从而有所触动。"

顾老师认为，目前的应试教育有一个很大的空当——缺乏对学生品格、成人意识、责任感、自我设计意识的培养与塑造。

夏琰的母亲任淑玲说，孩子上高中的时候，基本上是饭来张口衣来伸手，父母对她的要求就是学习。"这也不能怪孩子，是学习压力的问题。"这位母亲说。

任女士承认，夏琰上高中的时候，自己把她管得特别严，好让她一条道奔高考。母女关系一度非常紧张，曾经"冷战"达一个星期之久，每天做好饭摆上桌，夏琰就出来吃，吃完了一推碗就走，谁也不理谁。

但高考成绩优秀的夏琰却在大学第一学期出了问题：学习跟不上，同学关系紧张，情绪焦虑，心理极不稳定。任女士认为，这是因为以前忙于高考，孩子根本无暇学习与人交往和应付社会的技巧。

刘栋材的父亲刘炯对孩子的逼迫更近于"残酷"，要求六个孩子都必须考前三名。孩子不听话，他就用家里包着铁皮的棍子打。

刘炯说孩子们都挺懂事，上高中时人家的孩子一学期花三四千元，自己的四个孩子还花不到一千。四个人在县城租了个十几平方米的房子，平时吃的粮食、青菜都从家里带，红薯叶子炒炒就是一个菜。刘炯认为，农村孩子的路只有高考，除了成绩之外，其他的都顾不上了。

新生在入校时都被要求做了心理调查，调查反映大学生的心理问题比较严重。学生普遍觉得活得比较累，不适应大学教学方式，与同学、老师沟通上存在障碍，有严重的失落感。

顾老师说，对有问题的学生，学校的心理咨询机构能起的作用很有限，只能指出某某学生有心理问题，但不提供具体的解决方法。

他认为，学生父母在中国的大学教育中是不应该缺席的。他举国外学校在学生毕业典礼时邀请父母参加的做法为例，强调父母在孩子教育中的终身性。他希望更多地和家长们联系，让孩子和父母情感互动，让家长们参与到大学教育中来。在学院四百多名学生中，有60%的家庭供养大学生极为艰难，在这种状况下，让孩子体察父母的艰辛，能够促使其树立成人意识和责任感，而成人意识和责任感正是学习的动力。

学院负责学生工作的副书记陈仁明在接受记者采访时，说让他感到惊讶的是现在大学生的封闭和冷漠，认为这种冷漠情绪对培养高素质人才是很不利的。他觉得，洗脚本是一份很正常的作业，在学生当中引起这么大反响并在社会上引起不小的关注，本身就说明了某种不正常。

# 当妈妈开始加速衰老

尹海月

过去两年多，张浏浏目睹了妈妈身体的坍塌：她先是上肢无力，不能抬重物，然后连头绳都扎不上。她走路的速度越来越慢，再后来，无法独立起卧、行走，话也说不清了。

起初，家人们都以为她的身体乏力源于过度劳累，直到 2020 年 4 月，妈妈被确诊为渐冻症。在此之前，张浏浏对这个病了解不多。妈妈确诊后，他才知道，那意味着，未来 3 到 5 年内，妈妈的身体会一点点被"冻住"，直到"只能眨一眨眼睛"，最后，因为呼吸衰竭而亡。那一年，张玉红还不到 50 岁。

这个在南京林业大学读大三的年轻人意识到，和妈妈的"每一次分离都可能成为永别"。

2021 年年末，张浏浏把记录妈妈生活和他在校生活的视频素材，剪成一条视频。视频时长 8 分 20 秒——8 月 20 日是妈妈的农历生日。

视频在网站的播放量高达 150 多万，5000 多人留言。人们从这个视频中解读出"勇气、希望、乐观、英雄主义"，并在屏幕下方，分享自己的故事。张浏浏几乎给每一条评论点赞，还给一名网友留言："生命宝贵，不能浪费。"

## 一

张浏浏放寒假，回到江苏盐城的家。白天，护工照顾妈妈，晚上6点开始，他的时间属于妈妈。先是喂妈妈吃饭，因为妈妈咀嚼功能退化，吃一顿饭要三四十分钟，他中途要热三四次饭。吃完饭，妈妈嘴里有碎屑，他用牙刷清理后，再帮她漱口。

饭后，他和爸爸抱着妈妈去上厕所，喂妈妈喝中药，帮她清理口中的痰。之后，每隔十几分钟，他就要把妈妈拉起来，扶着她在屋里走动。

晚上9点，是按摩时间。通常需要按二三十分钟，然后，他打开电热毯，调好温度，把妈妈抱上床，帮她调整好睡姿，都忙完，已经到晚上10点。

张浏浏在两年内，看着妈妈一步步变成现在的样子。2020年1月，他放寒假，妈妈来火车站接他，脸上挂着笑容，看起来和正常人没什么不同。

后来，他才意识到，那是妈妈第一次接上大学的他回家，也是最后一次。

征兆是从2019年夏天显现的。张浏浏的小姨注意到，姐姐总说没劲，炒菜时手抬不起来，切菜也很慢。

2020年年初，张浏浏回家后，发现妈妈总是无力，手臂抬不起来，没法扎辫子，有时候骑电动车，车一晃动，人就摔跤。起初，张玉红以为是颈椎病，去盐城一家三甲医院看病，没什么问题。

2020年4月，见症状没有好转，张浏浏陪妈妈去上海一家医院看病，查出来是渐冻症。母子俩都不相信，又挂了一次专家特需门诊，结果还是渐冻症。

随着时间推移，妈妈开始不能做饭，洗衣服，说话也吐字不清。受新冠疫情影响，张浏浏半年多没有去学校，一边在家上网课，一边陪伴妈妈。

那段时间，家里没有找护工，爸爸很少回家，他全天照顾妈妈，每天给妈妈熬两次中药，熬一次需要两三个小时，每隔二三十分钟查看一次。

为了延缓身体的萎缩，张浏浏经常给妈妈按摩。妈妈生病前，自学会计，给银行做账。生病后，妈妈无法敲键盘，张浏浏不上网课时，就在妈妈指导下做表格。

张浏浏说，那段时间很辛苦。一年下来，他瘦了 16 斤，头上冒出很多白头发。

疾病不仅夺去了妈妈的健康，也剥夺了他社交、娱乐的时间。

妈妈几乎成了他的全部，而在这之前，他是妈妈的全部。张浏浏说，这些年，妈妈几乎没有自己的生活，平时不是在学习，就是在家里打扫卫生，不看电视剧、不刷抖音，也不买护肤品，很少添置新衣服。

她唯一的爱好是看书，大多是教育类的。以前每年过生日，妈妈送给他的礼物都是书，还有新华书店的储值卡。莫言获得诺贝尔文学奖那一年，妈妈买了一本《蛙》送给他，实际上，妈妈不了解莫言，"她的爱有时候很笨拙"。

张浏浏很少和朋友谈及妈妈的病情，他认为倾诉无法解决问题。有时候在家烦闷，他晚上打一两个小时游戏排解，或者吹十几分钟口琴，陪妈妈练习走路时，放一会儿钢琴曲。

他很少看到妈妈脆弱的一面。他去上学后，外婆照顾妈妈。有一次，家人吃饭，张玉红吃着吃着掉泪了，说大家都好好的，就她还需要人照顾。

## 二

张浏浏形容当时看到妈妈的感受，"一下子有了紧迫感和失去感"。

他再次当起了妈妈的护工，"心态比以往更加积极"。扶妈妈走路时，他和妈妈面对面，让她的双手搭在自己的腰上，她向前走一步，他往后退一步，走 1 米需要 1 分钟。

时间长了，他熟悉妈妈的行为语言：眼神一瞥，是想喝水；坐着时摇头，是想起来活动活动。

一天晚上，他扶着妈妈从客厅走到卧室，卧室里没有开灯，暗暗的。两人坐在床边休息，看到对面楼人家的客厅亮堂堂的，一家四口都在家里。妈妈盯着对面看，还说："你看，女儿放假回来了。小的那个在地上到处跑。真好啊。"她说完，又盯着窗户外面看了很久，脸上透露出羡慕和向往。

这一幕，被张浏浏看在了眼里。他没说话，也盯着对面看，越看越觉得难过，想到妈妈"善良美好"，却患上重病，再也无法获得这样简单的幸福，"窗户两侧是两个世界"。

那个冬天，他真正感受到渐冻症的残酷。"妈妈一个月就变一个样子，今天你发现她好像不能走了，过一阵子你发现她必须卧床了，再过一阵子，你就发现她呼吸都困难了。"

影像是他留住妈妈的方式。早在妈妈确诊时，他就开始记录，第一个视频是妈妈叫他起床，看到妈妈摇摆着胳膊，活动身体，他觉得很可爱，拍了下来。他也拍妈妈在窗户边晒太阳、吃烧饼，都是"快乐和有意义的时刻"。

在所有和妈妈做的事情里，他觉得最浪漫的，是把妈妈抱到窗户边的椅子上，陪她看窗外的蓝天和白云。

想到没有和妈妈外出旅游过，他觉得遗憾，在微博写下"想把世界带到你面前"。每去一个地方考试，他都和妈妈分享见了哪些朋友，他们过着怎样的生活。

回学校后，他考雅思、英语六级、计算机二级。每次考试，他都把考点定在其他城市，"体验不同城市的风土人情"。他去了武汉、长沙、重庆、苏州，最长的一次旅途，坐了25小时的绿皮火车。

2021年10月，张浏浏回家给妈妈过生日，买了一个生日蛋糕，上面写着"全世界最好的妈妈"，那时，妈妈连蜡烛都吹不动了。10月末，他在学校图书馆学习，给妈妈发拥抱的表情，妈妈回复给他一个拥抱。一个星期后，他才知道，那是妈妈用一只手的关节敲出来的，是她自己能发出的最后一条信息。

三

2021 年年末，在朋友的鼓励下，张浏浏决定创作一段视频，纪念 21 岁。他想过视频里不出现妈妈，但后来觉得，"这才是我真实且完整的 21 岁"。

视频里的妈妈总在笑。他说，妈妈生病后，他每天只做一件事，"让她开开心心度过每一天"。他把考证、旅游、和妈妈相处的点滴时刻都剪到视频里，配上欢快的音乐。

剪完后，他没发给妈妈看，"怕妈妈看到后伤心，自己在学校，没办法安慰她"。几天后，视频上了热搜，亲戚们看到后转给妈妈，妈妈才看到。

视频发布后，很多人跟他分享自己的经历，说被他的生活态度打动，"一起加油"的弹幕占据了屏幕。

妈妈生病后，家里积蓄渐渐被掏空，要靠亲戚帮衬，有网友私信张浏浏，想给他捐款，张浏浏婉拒，"不能随便接受别人的东西"。他还谢绝了一家公司主动提供的职位，准备考研，并为此去电视台实习，导演话剧。

他想拍一部介绍渐冻症的电影，让更多人了解渐冻症患者这个群体。还有一个梦想是，拍一部电影，把妈妈的故事讲给更多人听。

很多人问他，是什么支撑他走过这两年。他总说，是妈妈的爱。以前，他在盐城读私立高中，妈妈专门去陪读。那段时间，妈妈没有工作，白天在学校做清洁工，晚上自学会计，后来才开始给银行做账。

每天晚上，他放学回家，桌上都摆好饭菜。有一次，妈妈的右手出现腱鞘囊肿，还要操持家务，张浏浏很心疼，但妈妈坚持用左手给他做晚饭。

妈妈从来没有让他感觉到压力。读高中时，他有段时间无法适应学校生活，回到家，情绪低落。妈妈用写字条的方式和他交流。

他一直在和时间赛跑，让妈妈在身体被完全冻住之前，感受更多的快乐。视频发布后，一个摄影博主说，想给他的妈妈拍一套写真。他立即联系那个博主，商量着，通过搭配妈妈的衣服，给她拍20岁到70岁的样子，让她提前体验人生的每个阶段，"至少60岁，她肯定到不了了"。

他还在给妈妈制造惊喜。1月23日晚上，他听到邻居放烟花，也去超市买了一束烟花，在对着妈妈窗外的楼梯台阶上点燃，烟花蹿出的火苗溅到屋里，外婆和妈妈都笑出了声。他把妈妈房间里的灯换成颜色更暖更亮的，"让妈妈在房间里心情好"。

他们在抓紧时间表达对彼此的爱。2021年寒假开学前两天，他喂妈妈吃中药，妈妈喝了两口药，说要写信给他，让他用手机记下来。

母子俩用了二三十分钟才完成那封口述信，起初只有16条，后来他每次回家，妈妈都让他念一遍，又增加到19条。信里是一个母亲能想到的所有内容，从"不能熬夜、赌博、喝酒"的叮嘱到"做人要诚实、守信，人品第一"的告诫，她还嘱咐儿子，将来成家后，"要把教育放在首位，把小孩培养成功了比有钱好"。

第一条是，"妈妈很爱你"。在此之前，爱不是他们生活中常见的词语，但妈妈生病后，坐着没事，就对他说"我爱你"。后来，他们总是说"我爱你"，在吃饭时，睡觉前，聊天时。他记录的很多条视频都以"我爱你"结尾。

张浏浏明白，妈妈说这几个字，是害怕"有一天说不出来了"。他笑着跟妈妈说："我也爱你呀。"

# 认真看母亲时，她就老了

**南在南方**

有位朋友问，你注意过更年期的母亲吗？

我想这句话想了很久，母亲今年七十多岁，更年期已经过去了很久。印象中，母亲一直好好的，上有老，下有小，种了好多地，喂了几头猪……朋友说，不管多劳碌，更年期总是会经历。她说，她母亲正在更年期，脾气很大，看她爸不顺眼，看她不顺眼，见碗见盘子也不顺眼，总之，许多不顺眼。有一天还莫名其妙地流泪。有一回，她母亲说，这辈子算是完了，绝经了。她没心没肺地说，多好啊，不用痛经了嘛。惹得她母亲又哭一场……

我常常回家看母亲，因为她中风了。她头一次中风，恢复得算好，两个月之后能做饭，从前能把土豆切得像丝一样，这一回，切得像棍儿，不过四个月之后，又切得像丝了。可惜一年之后二次中风，彻底做不成饭了，生活还能自理，却需要人来照应。

我看母亲，母亲也看我。好多年前，有一回我睡午觉，迷迷糊糊地半睁着眼睛，看见母亲坐在床边，一声不响地看着我，于是我赶紧闭上眼睛，假装睡着。母亲就那样看了很久，好像我浑身都是她的目光。在那样的目光里，母亲一定想起了我小时候，尿床，淘气，哭鼻子；少年时，贪吃，冒失，荒唐；

青年时，木讷，喝醉，小老头似的背着手走路……现在，却睡得安稳。

后来，我在一篇文章里写道，要给母亲凝视你的机会，安静地让她凝视，让她回味你成长的片段，回味已经远去的年月。她就像洋葱，你水灵灵地长，她却就那么瘪下去，瘪下去……

去年腊月十九，我回老家过年，保姆眼巴巴地盼我。我回去那天晚上，她就回家了，年关了嘛，她得回家置办年货。母亲虽然中风多年，但是生活基本能自理，就是晚上起夜没办法，虽然也有尿不湿，但她不想穿，说是像尿床一样。她手脚吃不上力，起不来，得有人拉一把，平常是保姆睡她旁边，起来拉她。保姆回家后，便是我睡母亲旁边。

母亲睡得早，我睡时，问她起不起夜，她一般要起来。扶她回来睡下，母亲要说几句话，我应着应着就睡着了。

我起来问母亲："我打鼾你没睡好吧？"母亲说："你打鼾也好听，一下子，像是打雷要下雨了；一下子，又不打雷下雨了。我干着急，翻不过身，我想捏一下你鼻子就好了……"

母亲要起床，轻轻喊我："怪呀，我轻轻喊一声，你一骨碌就起来了！我却死都爬不起来。"说着，母亲就笑。

母亲中风之后，爱笑。

母亲差不多六点半就要起床，我得帮着她穿衣裳、穿袜子、穿鞋，倒水让她洗脸，扶着她坐在客厅的炉边，然后给她倒水喝药，再泡一杯茶给她。那时，天才微微亮。

有天清晨，我醒来，窗外已经大亮，我看见母亲正瞅着我。她平躺着，歪着脑袋瞅着我，我赶紧闭上眼睛，接受凝视……只三分钟吧，我正式睁开眼睛。

我说："妈，今儿起得迟啊。"母亲说："我看你睡得香……一晃，你的胡子都白了几根儿……"

# 我的母亲，在深圳超级商场做保洁

*张小满*

深圳有很多面积超过 5 万平方米，需要一支保洁队伍来做卫生清洁，以维持光鲜的大型商场。

母亲工作的商场在香蜜湖。这个商场附近是房价每平方米超过 10 万元的豪宅、繁忙的金融街和门槛甚高的国际幼儿园及中学。在人来人往的繁华商场，几乎没有人会去关注这些五六十岁的保洁员是怎么在这座超级城市里生活的。也没有人会关注我的母亲，这个从陕西农村来的 52 岁阿姨为什么会在这里做保洁。

母亲负责的保洁区域是商场负一楼电梯、地板以及扶梯，这是整个商场最难打扫的地方。这里聚集了众多餐饮类店铺，还连着地铁的出入口，每到上下班和吃饭时间，人流量巨大。

保洁这份工作的职责就是保持清洁。对母亲来说，这两个字是动态的，意味着一连串动作及一系列流程。

保洁员需要保证，顾客们走进商场后看到的一切都是干净的，这是引起购买的前提。保洁员们几乎不能停下来，这也是管理处采取两班制的缘由——早上 7 点至下午 3 点，下午 3 点至晚上 11 点。有的保洁员会选择连上两个班，一天工作 16 小时。母亲选的是白班，到下午 3 点就可以下班了。

　　母亲每天最繁忙的工作时间在上午 10 点以前。10 点，是商场开门的时间。母亲和她的同事必须确保给顾客呈现一个干净得发光的商场。主管对保洁员的要求十分严格，不能在可见的范围内看到一点污渍。母亲先花一个多小时拖地板，然后用半小时擦电梯，给电梯消毒。

　　擦栏杆是流程里最简单的活，被母亲放在最后。这是她做事的逻辑，把最难的最先做完。从 10 点 30 分到 11 点，有半小时吃饭时间。为了方便，母亲头天晚上会准备好自己的饭食，放在帆布包里，到吃饭时间拿出来用微波炉加热。十几个保洁员共用一个微波炉，热饭还得靠抢。

　　吃完饭，母亲便拿着清洁包在负一层来回转悠，遇上有污渍的地方，就用毛巾擦干净。到下午 3 点下班前，这 4 小时的工作显得很无聊。对母亲来说，这也是异常难熬的时光。长时间来回走动对她来说不仅无趣，而且会影响她的腿。当初为了得到这份工作，她隐瞒了自己患过滑膜炎的事实。她也不能随意跟商场里的人说话，被监管看到会被批评不务正业。

　　按照保洁公司的规定，保洁员在工作的 8 小时内，不能停下来休息，商场公共区域里布满了监控摄像头。母亲只能趁监管不在的时候，溜去女洗手间进门处的长凳上休息几分钟。

　　商场的管理处有一支专门监督保洁员的队伍，他们的工作任务是在商场内外巡逻，发现打扫不干净的地方就拍照发图到微信群里，并叫负责相应区域的保洁员去打扫——严重一点还会罚款。

　　保洁员们很讨厌这些监管，说他们没有同理心。

　　在一次检查中，母亲被一个年轻的女监管当面指责地板上的黑色污渍没有擦干净。母亲当场就哭了，并用对方听不懂的方言解释说，那块污渍根本擦不掉，她让女孩自己来试试。检查的女孩听不懂，有些悻悻然，她没再投诉，以后也很少再去母亲打扫的区域检查。后来母亲听到女孩们在背后议论说，山里来的人很难缠，耍赖打滚。母亲因此又生了一场闷气。

但母亲也常遇到好人。

有好几次，母亲都被另一个年轻的女监管抓到她坐在洗手间门前的长凳上休息。她跟女孩解释说自己的腿不太舒服，并很幸运地获得了谅解。

下午的时间太漫长，有一些保洁员会趁监管不注意，利用闲余时间来捡垃圾（主要是纸盒）卖，赚一些额外收入（被监管发现会被开除）。母亲心里痒痒的，但她无法付诸行动，因为她的腿不能支撑她到处走动。后来，一个阿姨因为捡纸盒被监管发现，在微信群里被通报开除了。母亲也就没再说过想去捡纸盒卖钱的话。

虽然保洁工作中尽是条条框框，且需要不断擦拭被弄脏的栏杆、捡拾顾客丢掉的垃圾，但这依然是母亲做过的最轻松的工作。在来深圳以前，母亲在建筑工地上做过小工，在矿山上帮工人做过大锅饭，开过小卖部，在新建成的楼房里刷过漆，在国有农场里养过鸭……这些都是需要下大力气的工作。面对生活，她总表现出一种柔韧的乐观。

时间久了，母亲摸清了保洁工作的门道，流程也熟了，她便开始跟周围的人打交道。虽然她的普通话不好，但她一点也不害怕——几乎所有的保洁员都是从农村来的，且大部分是女性，都五六十岁，普通话都讲得不怎么好。

母亲是天生的社交高手，还在农村生活的时候，她能在干完农活回家的路上，与沿路遇见的所有人唠嗑。初来深圳的母亲对一切都感到新鲜，她也常把她工作中的一些见闻告诉我。她是我的另一双眼睛，帮我看到这座城市一些被遮蔽的现实。

整个商场不止一个像母亲这样隐瞒身体疾病的保洁员，他们大多患有胃病、糖尿病等慢性病，短时间内不会危及生命。也正是因为如此，很多人便不把自己身体上的毛病当一回事，硬撑着，硬熬着。

有很多保洁员为了多挣一点钱，会选择连上两个班。早上7点上班，直到晚上11点下班，一天工作16小时，一个月挣5000块钱。

母亲工作的商场，有一个大型高端超市，她在这里认识了一个负责处理过期蔬菜水果的来自江西的保洁大叔。

这个超市里的蔬菜、水果、鲜肉价格极高且很少打折，以原产地直供和极度新鲜为招牌，超市规定的保质期仅一天。当天卖不完的蔬菜水果会在晚上11点左右被江西大叔用一辆车拉到停车场附近，分给商场里的老年保洁员。冬瓜、番薯、水果辣椒、莲藕、鲜切面，各种被划伤的果蔬、临期的食品被保洁员们带回家。它们并没有变质，只是以超市的标准而言已不够新鲜。

母亲还在商场里认识了做抛光的刘师傅。

抛光，是指用专门的工具把地板磨光滑，不留一个印子。工人师傅们在晚上10点商场关门后开始工作，第二天早上八九点钟等商场检查的监工来验收，验收完毕，师傅们下班，商场开门。

每天早上8点多，当母亲拖地到男厕所附近时，就会看到刘师傅，这往往是刘师傅"起床"的时间。刘师傅每日用三四个小时就将抛光的活干完了，那时天还未亮，他干脆随身携带一个小折叠床，住在负一层的男厕所里。监工来验收前，他就起身收拾，把床放在不容易被发现的角落。

母亲和刘师傅在清晨遇见时，经常这么打招呼——刘师傅说一声："哎呀！"母亲回一句："哎呀！"刘师傅再回一句："这就是生活呀！"这是他们之间的秘密，他们心照不宣地结成了同盟。

租房太贵了，刘师傅告诉母亲，他在深圳一直"借"地方住。母亲认识刘师傅的时候，他已经在这家商场"住"了半年。刘师傅不到40岁，是个东北人，总是乐呵呵的。他有一儿一女，都在东北，老婆留在老家带孩子，他一个人养着全家。除了母亲所在的这家商场，他还兼了附近一个娱乐场所的地板抛光工作。每天上午八九点这个商场验收完，他收拾好自己的工具，马上赶往下一处，晚上再赶过来，两点一线——时间就是金钱——他要充分利用每一分钟。好在，付出是有回报的。虽然没有社保等保障，但刘师傅每个月能拿到万把块钱，维持一个家的运转是足够的。一个简单的工具包，一张便携床，一个水壶，就是刘师傅落脚在这座城市的证据。

保洁员这个职业的稳定性很差。入职的时候，母亲的入职合同里写着，一个月有四天休息时间。但在现实中，母亲总是请不到假，经理总是以各种理由拒绝批假。比如，"你看别人都没休息，你再多做一天，明天给你批假……"性格不够强硬的话，在这个群体里面会很吃亏，最脏最累的活会被分配给最不会表达自己诉求的人。他们更不会利用法律手段维护自己的权益。

在没有制度保护、工资低、住宿条件差、纪律严苛，又没有假期的情况下，大部分保洁员会受不了，干几个月就会离开。当然，离开的大多是比母亲年轻的人。保洁员的队伍里很少有年轻人，并且永远缺人，最终只有来自农村且年龄偏大的人能留下来做长期工。

深圳的保洁员和绿化工大部分是来自全国各地的 50 岁至 60 岁的老年人。如果你有心留意，会发现，是如此巨大，又如此容易被忽视的一个群体——他们大部分是农民，在维持一座超级城市的"干净"。

母亲住在我租的房子里，小小的两室一厅，一个月的房租加水电费得6000 多元。母亲给老家亲戚打电话，尤其是我在她旁边的时候，她总是很开心地跟亲戚表达，她很幸运，要不是女儿在这里，她都没有机会来看这座城市，来做这份"轻松"的工作。

母亲发挥她吃苦耐劳的品质，坚持做到了 2021 年年初，直到春节临近才辞去保洁员的工作，安心休养身体。她很开心，她达到了挣钱的目标。每到工资到账的那一天，她都让我查一查数目有没有错。她还在深圳发现了很多新鲜事物。

春节过后，她在电话里拒绝了商场经理让她回去工作的邀约。她在政府大楼里找到了新工作——仍旧是做保洁。

# 妈妈的一生，都是在为我而活

陈年喜

一

母亲是上河人。

所谓上河，就是峡河的上游。七十里长的峡河，在本地人的习惯里，常被分为三段，上段二十里，称上河；中段三十里和下段二十里，统称下河。住在不同段的人在生活习俗和语言习惯上稍有差别。上段，苦焦、偏僻、荒凉。母亲出生的地方叫三岔，三条河在这里交汇，这儿是上段的上段，翻过后面的西街岭，就是河南省地界了。

母亲十七岁嫁到峡河中段的塬上，父亲家给的彩礼是两斗苞谷。那是爷爷用麻绳套来一只白狐，然后用它从河南贩子手上换来的。相较而言，河南那时候的粮食比峡河的宽裕。那两斗苞谷，外公一家吃了三个多月。当然，这些都是母亲告诉我的。

紧挨着峡河东面的地方叫官坡镇，那是峡河人赶集的地方。虽然它属于河南省卢氏县，在行政上与峡河没有半点儿关系，但峡河人口少，没有街市，也没有集，生活日用品、五谷六畜都要到官坡集上买卖。

母亲喜欢赶集。官坡镇，是母亲少女和青年时代去过的最远的地方。

母亲最后一次去官坡镇，是我十九岁时。她此去是为我占卜命运的。那一年，她四十一岁。我记得此后，她再没出过远门。

高中毕业后，我在家无事可干。家里有一群牛，我负责放它们。与农田里的活儿相比，放牛是最轻松的，故有"三年牛倌，知县不换"的说法，说的就是放牛的自由、散漫。家里让我放牛，也有对命运不认输的成分——放牛有大量的空闲时间，可以在山上读一些书，想一些事情。那几年，牛在山上吃草，我在山上读了很多书，马克思的《资本论》就是那阵子读完的。

放牛一年多，牛没壮也没瘦，原模原样，我却越发显得没了志气，露出傻样来。母亲对父亲说："这不行，难道真是一辈子放牛的命？"

她带了两斤白糖、两包点心、十元钱，去官坡找张瞎子。

我没见过张瞎子，却不能不知道张瞎子，据说他通天彻地，本事了得。传得最广的一个故事是，有一个人搞恶作剧，把家里一头牛的八字报给张瞎子测。张瞎子排了八字，不慌不忙地说："此人命里富贵，一生有田耕，不愁吃喝，八岁而亡。"那头牛真的只活了八年。

三天后，母亲回来了，对父亲说："娃没事，四十岁上能出头。"

## 二

1987年，峡河发大水。

那是一场史无前例的洪水。那一场大雨，下了整整三天三夜，河里与河岸上的石头、树木、庄稼悉数被卷走，一同被卷走的还有牛、羊、猪和人。

大雨过后，峡河的水还没退，妹妹病了，中耳炎引发的乳突炎。那时峡河还没有撤并，还叫峡河乡，有卫生院。妹妹在卫生院里打了六天吊瓶，病情越来越重。去县医院，无异于登天，路途遥远不说，主要是没钱。我们兄弟几个正上高中或初中，每人每星期只有一袋干粮。街上小饭馆两角钱一碗的面叶

175

子，我们从没吃过。

　　本来是不要命的病，却要了妹妹的命。那一年，她十三岁。我从学校赶回来时，父亲和母亲的神志都近于错乱。也是从那时候起，母亲开始哭，白天哭，晚上哭，哭了十年，哭坏了眼睛。这十年，她去得最勤和最远的地方，就是妹妹的坟头。这个"远"，是说来来回回的路程。单程算，从家到坟头不过数百米，但这么多年，母亲往返其间，加起来，怕有千里之程。

　　生活像一口锅，母亲一直在锅底的部分打转。锅外的世界不知道她，她也不知道锅外的世界。锅有时是冷的，有时是热的，只有锅里的人，冷暖自知。


三

　　从 1999 年起，我开始上矿山，天南海北，漠野长风，像一只鸟，踪影无定。有时，我一年和母亲见一两次面，有时终年飘荡，一年也见不着一次，甚至有时都忘了她的样子，但一直记得她说的张瞎子算的卦。

　　一转眼，我四十岁了。

　　四十岁那年，我在萨尔托海，方圆百里无人烟，只有戈壁茫茫。放牛、放羊的哈萨克族人，有时放丢了牲口，骑着马或摩托车呼啸而来，再呼啸而去。

　　这里是一座金矿，规模不大也不小，有三口竖井，百十号工人。我是这百十号人里的一员，像一只土拨鼠，每天地上地下来回蹿。

　　母亲知道我在世上，但不知道我在哪条路上。我经常换手机号码，她也许记得我的号码，但没什么用，这里没有信号。母亲的床头是一片白色的石灰墙，上面用铅笔记满了儿子们的电话号码，哪一个打不通了、作废了，就打一个叉，然后将新号码再添上去。这些号码组成了一幅动态的地图，她像将军俯瞰作战沙盘，因此懂得了山川万里、风物人烟，仿佛她一个人到了四个儿子到过的所有地方。

这一年，发生了一件事，我一直没有对她讲过，当然也没有对任何人讲过。母亲的地图虽详细，但也不可能显现这样的情节。

这一年，我得了病——颈椎病。我最显著的症状是双手无力，后来发展到双腿也没了力气，如果跑得快点儿，会自己摔倒。我后来才知道，这是因为椎管变细，神经受到压迫。

我的工作搭档是一个老头儿，别人叫他老黄。那时他已经六十岁了，但模样比六十岁还要老，牙齿掉光了，秃头上围着一圈白发，又高又瘦。

我清晰地记得那是九月初的一天。那时的萨尔托海没有飞雪，但空气比飞雪时还冷。戈壁滩上的骆驼草已经干枯了，一丛一丛的。风吹草动，仿佛蹲着一些人在那里抽烟，那烟就是一股股风吹起来的黄尘。

我和老黄穿成了稻草人，因为井下更冷，风钻吐出的气流能穿透人的骨头。这一天，我们打了八十个孔，就是八十个炮孔。

进出的通道是一口竖井，原来是用作通风的天井，有八九十度，仅容一人转身。竖井里有一条大绳，十架铁梯子。打完炮孔，装好炸药，我说："黄师傅，你先上，我点炮。"那时用的还是需要人工点燃的导火索。每次都是老黄先撤，我点炮，毕竟我年轻一些。

点完了八十个导火索的头，我跑到采区尽头，抓住绳头往上攀，可任我用尽所有力气往上爬，怎么也够不着梯子。脚和手仿佛不是自己的。导火索冒着白烟，它们一部分就在我的脚下，整个采场仿佛云海，我知道它们中的一部分马上要炸了。

这时候，我看到地上有一根折断的钎杆，插在乱石堆里。同时，我也看见绳头下的岩壁上有一个钻孔，那是爆破不彻底留下的残物。我快速抓起钎杆，插进残孔，爬了上来。刚到天井口，炮在下面接二连三地炸开来。

我对母亲讲过无数矿山故事，我的语气、神采带她翻过重重山，走过迢迢路，但这一段路程只属于我一个人。

四十五岁，我因为一场颈椎手术，离开矿山，开始另一种同样没有尽头的生活。比母亲跑七十里路，测卦得来的"出头"之日，晚了五年。

## 四

我有一种非常奇怪的心理：凡是我认为好的兆头，在没有兑现之前，我总是小心翼翼，不敢告诉别人，不敢泄露半点儿秘密。比如接到编辑的电话，告知我写的某组诗拟于某期刊发，但在文字见刊之前，我从不敢把喜悦分享于人。对于一个失败太久的人，仿佛任何一个细小的失望都会成为压垮命运的又一根稻草。

母亲是 2013 年春天查出患有食道癌的，医生说已是晚期。在河南省西峡县人民医院，经过两次化疗，身体不堪其苦，实在进行不下去，就回老家休养了。如今，已是七个春秋过去，她依旧安然地活着，不但生活自理，还能下地种些蔬菜瓜果，去坡边揽柴扒草。其间她还就着昏沉的灯光给我们兄弟纳了一沓装饰着红花绿草的鞋垫。而当时与她一同住院的病友，坟头的茅草已经几度枯荣了。像这样于她于家的好事，我怕让人知道，怕提醒了疾病，它再找上门来。

商洛已经非常有名了，但在我的老家峡河，即使现在出门，大多数时候依然要靠摩托车助行。雨天泥水，晴天暴尘，曲里拐弯，涉水跨壑，十几年里，我已骑坏了两辆车。

山外的世界早已穷尽人间词语都无力形容了，而母亲的一生是与这些世界无缘的，她一辈子走得最远的地方是河南省西峡县城。那是 2013 年 4 月，她接受命运生死抉择的唯一一次远行。

　　西峡县城不大，比起中国任何一座城市，都不算什么，但与峡河这弹丸之地相比，已是非凡世界。那一天，母亲在医院做了初检，等待结果以办理住院。我和弟弟带她逛西峡街市。当时她已极度虚弱，走了半条街，就要找个台阶坐下歇一会儿。她似乎忘了自己的病，满眼都是惊喜，用家乡话不停地问这问那。对她六十余年的生命来说，这眼前的一切是那样新鲜。

　　我们行到灌河边，滔滔大河在县城边上因地势平坦显得无限平静、温顺。初夏的下午，人声嘈杂，草木茂盛。虽说家乡也有河水，也年年有几次满河的丰水期，但比起这条宽广的大河，实在乏味得可怜。那一刻，母亲显示出孩童般的欣喜。也许在她的心里，也曾有各式各样的梦，也曾被这些梦引诱着抵达过高山大海、马车奔跑的天边，但因生活和命运的拘囿，只能渐渐泯灭了。那一刻，我看见一条大河推开了向她四合的暮色，河岸的白玉兰，带她回到少女时代的山坡，那里蝉声如同鞭子，驱赶着季节跑向另一座山头……

　　那一刻，我有欣慰，也有满心的惭愧。

　　在外漂泊的十几年里，我每一次回来，和母亲唠家常时，她都要问一问我到过的地方怎么样，有啥样的山，啥样的水，啥样的人，啥样的衣饰穿戴。我用手机传回的照片，她一直保留在手机里，以致占用空间太大，老旧的手机总是卡死。一直以来，我对她的这些问询、这些举止，都不以为意，以为她只是关切我在外的生活。现在想起来，她这是借我的眼睛、腿脚和言语，完成一次次远游。

　　如今，母亲已经七十岁了，一辈子的烟熏火燎、风吹雨打，让她的眼睛视物时已极度模糊。慢慢地，人世间的桃红柳绿、纷纷扰扰，她将再也看不到了。即使我有心带她出去走走，她的身体也已无法承受。

　　所谓母子一场，不过是她为你打开生命和前程，你揭开她身后沉默的黄土。

# 为什么我们总是对亲近的人发脾气

闫　红

张爱玲的妈妈黄逸梵，晚年听说张爱玲结婚了，高兴地给她的忘年闺密邢广生写信，说"又免了我一件心愿"。

这几个字，我看了很久。天下妈妈大概都是这个心思吧，希望女儿能找到一个陪伴她、照顾她的人。但是放在黄逸梵身上，却让人既感动，又微微有些讶异。因为此前看了太多张爱玲的吐槽，总觉得这是一个时髦高傲到不大懂得母爱的女人，她居然还有这份儿放不下？

如今回过头来再想，真不能说张爱玲的妈妈不爱她。黄逸梵在经济很拮据的情况下，给张爱玲请 5 美元 1 小时的家教；为了让张爱玲受到好的教育，拒绝儿子的投奔；那么矜持的人，去世前曾给张爱玲发电报，想要再见她一面，而张爱玲只是给她寄了 100 美元而已。黄逸梵对女儿依旧没有一丝怨恨，她知道"20 世纪，做父母只有责任，没有别的"。她最后将一小箱古董留给了张爱玲。

但我也能理解张爱玲心中的芥蒂，黄逸梵的问题不在于是否有"爱"，而在于她做人太紧绷，不能接受家人，尤其是女儿的不完美。张爱玲后来活得那样紧张敏感，黄逸梵负有很大责任。

张爱玲在《天才梦》里半开玩笑地说，她 16 岁时，妈妈从法国回来，将暌违多年的女儿研究了一下，对她说："我懊悔从前小心看护你的伤寒症，我宁愿看你死，也不愿看你活着使你自己处处受痛苦。"

张爱玲说，母亲给她两年的时间学习适应环境。除了教她洗衣、做饭等生存技能，黄逸梵还让张爱玲练习行走的姿势，看人的眼色。教她照镜子研究面部神态，告诉她如果没有幽默天分，千万别说笑话……最后，黄逸梵还是很失望。张爱玲说："在待人接物方面，我显露出惊人的愚笨。除了使我的思想失去均衡，我母亲的沉痛警告没有给我任何的影响。"

"沉痛"两个字用得很幽默，但黄逸梵和张爱玲只怕都笑不出来。张爱玲后来一次次描述她当时的那种惶恐，说，母亲总是在盘算，自己为她做的牺牲值得不值得。

张爱玲似乎想多了，但是一个不放松的妈妈给人的压力真大啊。在《今生今世》里，胡兰成将他和张爱玲的关系描述成神仙眷属。换成张爱玲来写，张爱玲总是在猜，胡兰成是怎样看她的。这就是少年时留下的心理暗疾，她能从任何人那里，看到母亲当年审视自己的眼神，看出自己的不完美。她后来的离群索居，很难说不是为了逃避这种审视。

不接受亲人的不完美，其实就是控制欲。不只是想控制亲人，更重要的是，想要借此掌控生活。以为把家人的小毛病都摘除，生活就可控了，自己心中的秩序也就能建立了。可是，生活神出鬼没，根本无序可言。

不懂这个道理的，还有贾宝玉的母亲。很多人说，王夫人这个人如何坏，我不太接受。别的不说，她那么讨厌赵姨娘，对探春尚能区别对待，这就不是每个人都能做到的。她能体谅妙玉的孤傲，施舍多年不曾走动的刘姥姥，荣国府上下，谁也说不出她的不好来。但是假如我们确定《红楼梦》是一部自传体小说，就能知道，贾宝玉对她一定是有怨恨的。

"好好的爷们，都叫你教坏了！"当着宝玉的面，她给了跟宝玉调情的金钏一耳光——这一耳光应该在宝玉心头回响了很多年吧？王夫人不接受成长中的宝玉在所难免的轻佻，认为他"学坏了"。她万般警惕，坚壁清野，誓将一切危险因素剔除干净，驱逐晴雯、芳官一干人等，让大观园的花团锦簇瞬间失色，也让宝玉的华丽青春变成残酷青春。

在王夫人身上，你能看到很多妈妈的影子，她对宝玉也是真爱，各种关怀宠溺、苦口婆心，但她的不接受，使得这一切毁于一旦。

懂得接受，应该成为一个母亲的基本修养。在这方面，《窗边的小豆豆》中的妈妈做出了教科书般的示范。

那个小豆豆，很像童年的我，稀里糊涂的，一天到晚犯错误，自己还不知道错在哪里。只是，我小时候每天都要被各种人，比如我爸妈和老师批评上千遍，每天都灰头土脸的，那种自卑感，到现在还影响着我的言行举止。小豆豆最后却成了非常受人喜欢的电视节目主持人。我觉得，这跟她妈妈从来都接受她的不完美，或者说，她妈妈没有世俗世界里的那种完美概念有关。正是她妈妈那种温柔的智慧，让小豆豆不恐惧、不焦虑，不会进退失据，平添无谓的耗损。在轻松的爱里，她可以一路向前奔跑，跑赢世间隐藏的风险。

接受亲人的不完美，不只是给予家人轻松感，还能影响家人的生活态度，触类旁通地化解所有的不如意。就像《佐贺的超级阿嬷》里面的那个阿嬷——德永昭广的外婆，是一个智慧的老母亲。

阿嬷是个穷老太婆，靠打扫卫生谋生，但她很乐观，说："穷有两种，穷得消沉和穷得开朗，我们是穷得开朗，而且和由富变穷的人不一样。不用担心，因为我们家世世代代都是穷人。穷人习惯穿着脏衣服，淋了雨，坐在地上，摔跤也无所谓。"

德永昭广把成绩单拿回家：数学1分，社会2分，语文1分，英语1

分……阿嬷笑着说："不要紧，不要紧，一分两分的，加起来，就有五分啦。"

德永昭广问："不同科目也能加在一起吗？"

她严肃果断地说："人生就是总和力！"

说得好。除了接受孩子的不完美，她还教会孩子接受这个世界的不完美。她对德永昭广说："别抱怨'冷啊''热啊'的！夏天要感谢冬天，冬天要感谢夏天。"

德永昭广成名后又遇到低谷期，阿嬷也有办法帮她打气："即使有两三个人讨厌你，转过身来还有一亿人。"

阿嬷的乐观，不只安慰了德永昭广，也给了无数读者以力量——将人生的如意和不如意照单全收，用自己的力量，化不完美为"不，完美"。

做什么样的人，比拥有什么样的人更重要。

# 父母的爱，不会因为平凡而失去光芒

*蒲末释*

我十三岁那年，跟人打架，被学校劝退。

班主任叫来了我爸，让我爸带我回去反省几天。我爸就真的把我领了回去。

第二天，我爸就带着我去工地搬砖。他说，搬一天，算一天的工钱。

我爸是砌匠，在我的记忆里，他每天傍晚回来，身上全是水泥，于是我对水泥味有天生的反感。可是，我听说有钱拿，还是答应了。

我爸上班的地方在县城。我坐在我爸摩托车的后座上，手里提着装着铲子、吊锤的灰桶。六月的清晨特别凉快。

我爸带着我去了一个早餐摊。门口停满了摩托车，里面坐满了像我爸这样的人。我爸买了两碗白粥、四个白馍、两根油条。粥寡淡寡淡的，油条是蔫的，吃了几口尝不到一点味道，我就慢吞吞地啃起了白馍。有两个师傅过来和我爸打招呼，笑嘻嘻地对我说："这比学校的煎饼好吃吧！"

我爸看我碗里的粥一点没动，就把他面前的咸菜推给了我。他一大口喝完他碗里的粥，说："多吃点，上午做事可别使不出力气。"我到最后只啃了一个馍。

我们到了工地上，那里是城镇边缘的区域。我本以为在搬砖的中途还可以去镇里的商城逛逛，没想到车越往前开，沿途越荒凉，除了道路两旁的野草，就只剩摩托车后面扬起的灰尘，连个小卖铺都没有。我兜里揣着出门时我妈偷偷塞给我的两块钱，越攥越紧，皱成了一团，恨不得把它扔掉。

工地很空旷，地上全是货车压过的轮胎印记，一道又一道，跟鬼画符似的。我爸把我领到砖堆旁，那是一种白砖，我以前从没见过。村里盖房子用的都是红砖，砖面坑坑洼洼的，那白砖却光溜溜的，拿起一口，厚实许多。

我爸说："搬一口砖一毛钱，你自己算你一天要搬多少。"我心里掂量着，要是一天搬一千口，那就是一百块钱了。一百块钱啊，能买多少包辣条啊！

心里乐滋滋的，一口气，我挪了五口砖，起身时没搬动，往前一个趔趄，差点栽倒在地上。楼上有人叫嚷着："小公子哥，一口吃不成胖子！"周边人一阵哄笑。我没看清我爸有没有笑，他离得比较远，我要把砖搬到他那里去，至少有五十米的距离。我拿下一口砖，将其余四口搬起来，还是有些吃力，楼上的人没再看我，我就转身偷偷又卸了一口，搬得轻松许多。

第一回合，到了我爸那儿把砖放下，转身就往回跑。楼上又是一阵哄笑。

我在搬到二十多口砖时，彻底搬不动了，胳膊一点力气都没有，肚子里咕噜咕噜叫着，想起早上饭桌上那两个白馍，不禁咽了几口口水。只觉得后背冒虚汗，整个身子都轻飘飘的。

我蹲在砖堆旁，埋着头不看我爸，怕引起他的注意。楼上的叔叔看到了，也不再起哄了，他朝我喊着，让我去阴凉地方坐一坐。

我找了一棵樟树，靠着树干坐下，微风吹拂着脸，凉快了许多。我眯着眼，不知不觉中竟然睡着了。

我是被我爸叫醒的，他站在我面前，俯视着我，手里拿了一瓶矿泉水，也不知道是他买的，还是早上从家里带的。我很想问他这附近哪里有小卖铺，但还是忍住了。

　　我接了水，大口喝着，呛得直咳嗽。我爸没说话，给了我水后就转身回去了。我觉得他是故意不说话的，明明平时是个话痨，还总吹嘘着，他在我这个年纪时能扛多重的稻草。我望着他的背影渐行渐远，也不想动。想着今天就少搬些，赚得少点，明天再补回来，于是换了一个方向，靠着樟树继续躺着。

　　中午吃的是盒饭，一群人围在一起，你一言我一语的，说完哈哈大笑，饭粒喷得到处都是。为了掩饰早上的窘迫，我在离他们稍远的地方独自吃。那是我第一次吃盒饭，没想到盒饭竟然如此好吃，到最后，我吃得一粒不剩。我爸问我吃饱了没有，我使劲地点头。

　　那天下午，我搬了两百多口砖，楼上的叔叔又拿我开玩笑——没人搭理我，我反倒觉得不习惯。

　　回去的路上，我一直没说话，我爸问我几句，我也只是嗯嗯啊啊。一直到晚上我爸跟我结工钱时，我才缓过神来。我爸问我明天还去吗，我想都没想就说："去！"

　　第二天早晨，我爸喊我起床，我还是坐在他的车后座上，提着灰桶，跟他去昨天去过的早餐摊点。同样的两碗稀饭、四个馍、两根油条，一人一半，我全都吃完了，我爸满意地点了点头。

　　上午搬到一半时，我又饿了，肚子咕噜叫，也没数搬了多少口，趁我爸不注意，我又溜到了樟树底下。那天上午风很大，太阳却比前一天烈许多，工地外围的沙地泛着刺眼的光，我在树荫下坐了半个钟头，还是汗如雨下。

　　我爸这次没过来喊我，中午吃饭时，我自己凑了过去，领了一份和昨天一模一样的盒饭。吃第一口，就有些咽不下去——油水少得可怜。我问我爸今天盒饭跟昨天是不是一样的，他点头说是，我诧异于他的肯定。看了看其他人的菜样，的确和昨天没有区别。我吃了几口，就偷偷倒掉了。我爸还是问我吃饱了没有，我点头。

　　下午搬了一会儿砖，我浑身又没了力气，汗珠从额头流了下来，打湿睫毛，眼睛都睁不开。从来没有晒过这么久的太阳，我手肘里抱着砖，觉得大地在旋转……是砖先落地的，紧接着我整个人朝前倒去。模糊中，听到我爸喊我的名字，我想应一声，却开不了口。

　　我爸把我抱到樟树下，使劲地给我扇风，我喝了几口水，睁开眼睛，他又不知道从哪儿拿来一个面包，塞到我嘴里。我嚼着嚼着，觉得特别甜，狼吞虎咽地把面包吃完，问我爸还有没有，他摇摇头，却笑着说："走，我带你去买。"

　　他带着我到了工地后面临时搭建的几间砖房，里面有一间摆满了吃的喝的。我爸给我买了好几样我爱吃的，结账的时候，在口袋里翻了好一会儿，才翻出十块钱。我把吃的抱在怀中，心满意足地跟着我爸往回走。我们在樟树下坐着，我爸看着我吃零食，问我："明天，你还要来吗？"我想了一会儿，还是点头说："来，有吃有喝，为什么不来！"我爸笑着不说话。

　　我们就一直在樟树下坐着，零食吃完了，饮料也喝完了，他却没有喊我回去搬砖。不知过了多久，从工地旁的马路上开来一辆小车，扬起一片灰，从车上下来两个人。其中一个是包工头，挺着个大肚子，昨天中午来过一次，还大声嚷着："工程要加紧！"当时没多少人听他说话，有的还撇着嘴骂他压工钱。他身边那人穿着一双擦得发亮的皮鞋，戴着墨镜，手里拿着皮包，一下车就使劲咳嗽，包工头对他毕恭毕敬的，想必他是老板。

　　我跟着我爸，准备过去继续搬砖。戴墨镜的把我爸喊住了，他大步走了过来，摘了墨镜，有些轻蔑地问："你不干活，坐在那儿干吗？"那语气极像让我退学的那个校领导。我爸不自在地笑了一下，有些支吾地说："太热了……"没等我爸说完，那人就扇了我爸一巴掌。我只觉得周边都沉寂了下来，那一巴掌声音清脆……我想不了太多，往前冲了过去，却被我爸拦在身后，他低声跟那人说："对不起。"

我有些失望。我不明白，我爸为什么要跟那人说对不起。我从我爸身后挣脱开来，拿起手边的砖头朝戴墨镜的砸了过去，没有砸中，他躲开了。他暴跳如雷，用手指着我爸的鼻子大声吼着："滚！你明天不用来了！都给我滚蛋！"说完啐了一口痰。没等我再捡起砖头时，我爸就把我拉开了。

回去的一路上，我爸都没说话。我看到他的右脸，黝黑中透着消散不去的红，那团红色，比头顶的太阳还要毒辣。我第一次体会到心脏抽搐着痛。

回到家后，我妈问起我们怎么回来得比昨天早，我没说话，独自回了房间。晚饭我没吃，我爸喊了我好几声，我都没应。他跟没事人似的，和我妈说着家常。

那一晚上，我没睡着。凌晨的时候，我爸来我房间一次，捏了捏我的胳膊。他出去的时候，轻轻地把门给带上了。

第二天，我起得很早，收拾了课本，跟我爸说："我回学校了。"

我爸骑摩托车带着我，奔往学校的方向，那一路上我们都没说话。

清晨的风特别凉快。

# 世间温柔，记得给父母留一份

丁立梅

见过一个父亲的泪。他蹲在一堵墙外，满身疲惫的风尘。先是呆呆地看着街景，后来，他手捂住脸呜咽起来。他的双肩耸动，单薄的身影，像极了秋深时树枝上一片欲掉落的叶。眼泪从他指缝处不住地溢出来，汇成小溪流。午后的阳光照在上面，反射着惨痛的晶莹。他的头上，霜花点点。墙内，是看守所。他二十岁的儿子，因跟人合伙抢劫，被关在了里面。

见过一个母亲的泪。车站里，她来追执意要远走的女儿。女儿打扮得时髦靓丽，嘴唇抹得鲜艳欲滴。她却头发蓬松，衣着寒酸。她不住地恳求着女儿："妈妈求你了，你不要走啊……"女儿根本不听，回的话几乎有些恶狠狠："你烦什么烦，我的事不要你管！"女儿等的车终于到站了，女儿甩开她试图牵拉的手，跳了上去。她急得直拍车窗，嘴里叫着女儿的小名："兰儿，兰儿，你不要走，你不要走！"惹得旁人纷纷侧目。车到底还是开走了，她的女儿连头都没回一下。她站在人来人往的车站，呆呆望着女儿远去的方向，蓝天白云都是痛啊。泪水从她脸上成串成串地流下。

见过一个丈夫的泪。他寻找离家出走的妻，持了妻的照片，问每个路人："你见过她吗？"问得嘴唇皲裂。一年时间，他走遍大半个中国，妻还是杳无音信。他把她的信息发到他能发到的角落，拜托每个好心的人帮他留意。半夜三更，电话一响，他就奔过去接听，看是不是妻。一次，他得了消息，某个大山沟里一户人家买来的媳妇，很像他的妻子。他立马去寻，饿得头晕眼花，差点儿失足摔下山崖。后来的后来，妻还真的被他寻着了。其时，她已再度嫁人，养得珠圆玉润，坚决不肯跟他回家。五大三粗的男人，没办法可想了，蹲在马路边，号啕大哭。

见过一个妻子的泪。丈夫背着她，挪用公款给同学做生意，结果同学生意失败，公款还不上了。丈夫害怕之下，选择了逃离，在一个清晨，撇下她，一去不返。她天天盼，日日等，夜夜泪湿枕巾，希望某天，丈夫突然归来，那将是多大的惊喜啊。她鼓足勇气去了电视情感节目现场。面对着无数的观众，她潸然泪下，好几次泣不成声。眉头上，忧伤纷飞。她对着镜头，呼唤着她的丈夫："你回来吧，哪怕是坐牢，我们一起坐。欠下的债，我们可以一起还。我们的日子还长，你怎么忍心丢下我，一个人躲得远远的……"

这世上，被你伤得最深的那个人，往往是最爱你的那个人，你伤他总是易如反掌，因为他对你毫不设防。而在被你伤害之后，他只会哭泣，从不知道反抗。

# 我们在多大程度上了解自己的父母

冯雪梅

父亲坐进儿子的教室里。接下来的几个月，他要和孙子辈的学生们一起，上儿子的古典学研读课程，讨论荷马的《奥德赛》。

这事儿让儿子有点担心：他不知道该如何当着父亲的面，教导自己的学生。长期以来，他和父亲有着截然不同的生活方式，比如他在好几个地方都有住处，而父亲几十年来，一直居住在孩子们出生的地方，要花很长一段时间开车来校园听课。

父亲八十二岁了，他也曾是教授，还很骄傲地将自己在学校办公室的名牌带回家，放在书房里。不过，作为数学家，他认定的判断标准很单一：X 就是 X。这对研究古典学的儿子来说，似乎很难接受。

像所有人一样，儿子从小就期待父亲的认可，却总不能如愿。当他拿着数学题请教父亲时，父亲总是皱着眉，永远不理解为什么如此简单的题目，儿子竟然弄不明白。有多少孩子在自己的"精英"父母面前战战兢兢？估计从荷马时代起，英雄父亲就一直是儿子难解的谜题。《奥德赛》是英雄千辛万苦的还乡之旅，也是儿子寻找父亲的备受煎熬之行。

让父亲引以为傲又不无遗憾的是，他曾经在高中时学过拉丁文，读过原版的《伊利亚特》。父亲一直记得给他们上课的德国老师，他的拉丁文却日渐生疏，以至于重新拿起《荷马史诗》时，无法读懂那些诗句。

于是，他来到儿子的课堂，再一次开始读《奥德赛》。它的前传是《伊利亚特》：一场由美女海伦引发的十年鏖战——特洛伊战争。足智多谋的奥德修斯以木马计攻破特洛伊城，远征的将领们纷纷归国，奥德修斯也带着自己的船队返乡，《奥德赛》的故事由此开始。

归途同样耗时十年。奥德修斯弄瞎了海神之子的眼睛，惹怒了海神，惊涛迷雾中，回乡之路也变得磨难重重。如果没有点儿波折和悬念，以歌谣方式传播的史诗故事，断然不会吸引人，更不会流传长久。

父亲显然不太喜欢奥德修斯——一个让船队毁灭，一个队友都没有带回来，曾"只求一死"的人，怎么能算英雄？还对妻子不忠，他甚至都算不上一个合格的丈夫和父亲。课堂上，父亲从一开始就对主人公有些不屑，举手反对教授儿子的观点。

《奥德赛》里有这样的句子："只有少数儿子长成如他们的父亲，多数不及他们，极少数比父辈高强。这对儿子而言，是多大的压力？"

显然，奥德修斯的儿子不如其父那般足智多谋、声名远扬。他寻找缺席自己生活二十年的父亲，一点点拼凑起父亲的形象，也在寻找的过程中成长。对一个孩子来说，是父亲一直存在于想象中更容易，还是找到一个真实的父亲更容易？

课堂上，父子之间也在暗自较劲。儿子对父亲总是讲述自己多年前学习拉丁语的经历有些不以为意，更对父亲"X 就是 X"的判断标准不认同。就像当年，他渴望赢得赞赏，却总是看到父亲对着自己的数学作业皱眉头一样，儿子对父亲的情感里，多多少少有因严肃刻板而导致的压抑和不满。

奥德修斯或者父亲，真如别人说的那样吗？或者，从小守在父亲身边的儿子所认为的父亲，就一定是真实的吗？我们所熟知的那些人和事，就一定是他们真正的样子吗？

不一定。学生们描述的那个"可爱"老头，有着教授儿子不曾看到的一面：幽默、可爱、体贴。父亲有一句口头禅："你不知道有多堵。"他总抱怨交通拥堵，却不愿搭公共交通来上课。当他终于选择坐火车来时，儿子原本以为是恶劣天气逼得父亲投降，却不知道是他的学生改变了父亲。还有，他听过好多遍的父亲兄弟间的旧事，也有另一个版本。

原来，父亲并不是他一直"以为"的那样。他以为父亲是为了家庭而放弃写博士论文，因此在很长一段时间里无法升任教授。他以为父亲如此严肃固执，烦透了母亲家族的热闹随意——他们俩是多么不同的人啊，父亲一板一眼，母亲热情随和；父亲安静沉默，母亲开朗多言；父亲除了几个好友，好像总是和人保持距离，母亲能迅速和人打成一片。他不知道是父亲自己放弃了去读西点军校的机会，自己选择不写博士论文……《奥德赛》不仅仅是父子的故事，也是夫妻的故事，有着不为人知的秘密。奥德修斯一去不返，生死未卜，家里挤满了前来求婚的人，妻子不得不施计拖延。本就疑心重重的奥德修斯想试一试妻子的忠贞，没想到妻子也想确认眼前这个男子是不是自己的丈夫，于是用一个只有他们俩知道的秘密验证——让保姆去搬床。那是奥德修斯亲手制作的一张不可能搬动的床，由深深扎根地下的大树打造而成。

这些不为外人所知之事，将夫妻二人连在一起。"人与人之间会有牵绊，不是肉体的，是多年相处积攒下来的各种私宅笑话、回忆，以及只有当事人才知道的点点滴滴。"它们维系着婚姻，维系着家庭。"多年后，即使一切面目全非，只要两个人之间有这种牵绊，他们就还能紧紧相系。"

课堂上，父亲对着一群十八九岁的学生说："他母亲当年是最美的姑娘。不是标致，而是由内而外的美。"这就是爱的本质——眼见某个相识已久、关系亲近的人渐渐老去，变得面目全非，但是你对此人的爱意及你们彼此间的亲密已成为习惯融入身体与灵魂，如常春藤探入树皮中一般。

人们不会认为《奥德赛》是一个父子情深的故事，但是，和父亲一起上的《奥德赛》研读课，却在克制平静的叙述中，充满深情。在对《荷马史诗》的解读中，家族故事穿梭于奥德修斯的归程，因为这次课程，学生们得以了解古典学，感受史诗与现实的对接；儿子看到了不一样的父亲，重新认识自己的家庭。

课程结束之后，儿子想和父亲来一场"《奥德赛》巡礼"，去地中海沿岸探寻那些史诗里的古迹。向来对于游轮旅行、观光、度假之类"不必要的奢侈品"嗤之以鼻的父亲，接受了这场"教育"之旅。他在游轮上同人聊荷马，哼唱老歌，却对途中触手可及的古迹兴趣寥寥，因为"史诗比遗迹来得更真实"。

"奥德赛之旅"不久，父亲摔倒了，导致中风。在家人面对要不要放弃治疗的选择时，儿子又一次想起父亲早就说过的那句话："直接把管子拔了，然后出去喝杯啤酒就行。"

丹尼尔·门德尔松就这样结束了《与父亲的奥德赛》。书的译后记中，译者讲述了书中父亲最喜欢的那首老歌《我可笑的瓦伦丁》的创作者罗杰斯与哈特的故事，二人之间也有着许许多多的牵绊。译者写道："如果《与父亲的奥德赛》让读者想要重新审视身边每一个复杂多面之人，我多希望那个热爱押韵与诗律、通过作品给无数人带去快乐与幸福的那个灵巧的词匠哈特，也能去爱一个不完美、复杂而多面的自己。"

史诗，从来都不只是对历史的记叙，更是对人性的阐释，让我们更好地了解他人和自己。

# 一个浑身软肋的父亲

木 犀

那家我招待客户的定点酒店新换了一名服务员，笨手笨脚的，我借去卫生间的间隙，给经理打电话要求换人。结完账后，我特意找到那个女孩解释换掉她的原因，并希望下一次再来这里吃饭可以看到她。

后来，她发展得很好，礼貌而专业。我们渐渐成了熟人，一次，她问我："为什么当初会跟我做那样的解释？"我说："因为我有一个女儿，她叫琪琪。看到你，我就想到有一天，她也会参加工作。我强烈希望所有人，都能够给她机会，鼓励、帮助她，所以，我就不应该简单粗暴地否定你。"说完，我的眼睛居然湿润了。

是的，有了女儿，我就有了软肋，长出了另外一副刚柔并济的骨骼。小区里凳子上的钉子冒了出来，我一分钟都不等地回家拿工具，因为女儿和她的小伙伴们天天在那里玩，我必须保证他们不被伤到。而在有女儿之前，家里的水龙头坏了，都是妻子打电话找人维修的。

单位例行体检的报告被女儿发现了，小小的人儿对着"脂肪肝"三个字哭了很久，打电话给我："爸爸，琪琪不要你死。爸爸，你不要死。"于是，我下班后推掉一切应酬，步行回家，粗茶淡饭，给自己制订了严苛的健身计划，风雨无阻地执行——我不仅不要做一个英年早逝的父亲，而且要做一个拥有八块腹肌的健美型父亲。

那天，我们一家在岳父岳母家吃完饭，一起散步。女儿高高地坐在我的肩膀上，突然发问："妈妈，在你小时候，姥爷也这样背着你吗？"我人生中第一次懂得：妻子也是人家的女儿。如果我希望我的女儿将来被另外一个男人温柔以待，那么，我的妻子首先得被我如此宠爱。

于是，我开始了解到，原来家里的地板每天是要拖两遍的，马桶是每天都要刷的，女儿的衣服是需要手洗的，床单和被罩每个星期都要换洗，晚饭吃什么比填财务报表还难……曾经，人家一个好好的公主，活活让我给过成了保姆。现在，因为爱女儿，我主动要求成为一个宜内宜外的好丈夫。

"每次走路，爸爸总是走在左边，用右手轻轻地护着妈妈。每次从超市回来，爸爸总是一只手提着重重的购物袋，一只手牵着妈妈。每一年，都有那么一个星期，他们会把我放在姥姥家，去过纯粹的二人世界。每次妈妈过生日，爸爸送的礼物都能让妈妈掉眼泪。我好羡慕妈妈啊，我好想以后也嫁给一个像爸爸那样的老公啊。"这是女儿三年级时的作文《我的爸爸》中的一段。我心甚慰，嘴角微扬。

我隐隐希望，在爱情与幸福这件事上，女儿不仅要有基本的鉴别能力，更要有很高的鉴赏能力。这是我作为一个父亲，最实用也最有心机的"富养"。

上辈子，琪琪是不是我的情人，我不知道。但这辈子，她是我的学校，经过了她，我才彻底地拿到了男人的毕业证与学位证。

如果是从前，问我的理想，我会想要华丽的汽车、美丽的伴侣和宽敞的家园。可现在，我希望市容整洁、社会安定、世界和平、人心向善……我更希望，每个男人都能够有机会成为一个女孩或几个女孩的父亲。因为一个父亲的努力只是杯水车薪，而有了一个又一个父亲的"富爱"，这世界必定是美好的人间。

# 我是奶奶的最后一块糖

耶 雅 亿

### 一路往痴呆的终点狂奔

爷爷去世后，奶奶越活越糊涂。

她傻盯着电视机，一副不招人待见的麻木面孔。让她照顾后院，她浇水或多或少，花草不得善终；烧饭忽咸忽淡，记账乱七八糟；她屡次将自己锁在门外，将家里重要的东西丢进垃圾桶……谁敢相信奶奶退休前曾是一名高中特级教师呢？

妈妈教她玩微信，陪她旅游；爸爸给她买健身器材，带她找玩伴，催她跳广场舞……可是一切都无法让她找回昔日的光彩与热情，她永远是热闹场合的陌生人。

一天，我看到父母在阳台上一边查看奶奶的体检报告，一边窃窃私语："咱妈虽然体检结果正常，但就是要放纵自己的情绪与智商，一路往痴呆的终点狂奔……"

妈妈看着奶奶，无声地叹息着。爸爸盯着远方，眼中全是无奈与哀愁。

### 小瞧老人是每个孩子的本能

我越来越瞧不上奶奶，她对我也是麻木的，对这个家也越来越麻木。

有一段时间，奶奶由于消化系统疾病，总是放分贝很高的屁，虽不是很臭，但是非常响。我抗议过几次，希望她放屁时去阳台或洗手间，她却抱歉地说："我控制不了啊，对不起……"

我嫌弃她，她不像人家奶奶那样会开车、会跳舞、会做家务，她连下楼都不肯，只会发呆和做错事。

有一天，我三岁的表弟到家里来玩。我又拿奶奶开玩笑。我悄悄地把一个橘子藏在奶奶坐的沙发垫子下。当她放屁的时候，我就拿出橘子告诉表弟："这是奶奶放出来的橘子！"

表弟不懂事，信以为真，便一直催着奶奶"下橘子"。

奶奶看着我们手舞足蹈的样子，眼中闪出一丝难过。她肯定不喜欢被捉弄，但是她没有抗议。

### 我们一起改变，来爱奶奶

妈妈走过来，把我叫进她的卧室。我发现妈妈床头放着一本书——阿尔诺·盖格尔写的《流放的老国王》。

妈妈告诉我，这本书的作者描写了自己父亲老去的过程，他将罹患帕金森症的父亲比喻为一位被流放的国王。熟悉的家庭环境对他来说，变得越来越陌生，仿佛身处异乡。他一心要回到自己记忆中的家，于是"不知所措地乱蹿"。作者看到父亲慢慢"变傻"，仿佛感到生命从他身上渗出，整个人的品质与个性一滴一滴漏掉……

妈妈说："最近，我也在反思，这么久以来，我没有真正理解你爷爷去世对奶奶的打击。我只会怪她不乐观、不振作，却从未真正理解她的忧伤、挣扎与无奈。"

这时候，爸爸也走进来。他说："我们没有给你做好榜样，没有好好尊重奶奶，所以你也瞧不起奶奶。我们会跟奶奶道歉，也跟你道歉。我们一起改变，来爱奶奶。"

### 当年的奶奶，是全家主心骨

晚上，爸爸给我放了一部电影，看到感人之处，我潸然泪下。

电影里的那位失忆老妇人，不就像是我奶奶吗？她现在的动作好慢，时常停下来若有所思，又不知道在思考什么。她拿起盐瓶，思考自己究竟有没有放盐，停顿几秒钟后，她放一点点，再加一点点……

爸爸说："你爷爷生前总会在奶奶烧饭的时候，凑过去和她聊天。那时候，奶奶嘴上对答如流，手上也有条不紊。她永远井井有条、遇事不慌，谈笑之间便将美味端上餐桌……你奶奶，几十年来都是我们这个大家庭的主心骨啊！"

我悄悄看着奶奶拖地的背影，感到岁月流逝的巨大冲击力——不知不觉中，这位能干了一辈子的女人已走入孤单的晚年，她仿佛一位被流放的贵族，手足无措地面对着这个对她来说越来越陌生的世界。

奶奶很可怜——爱她的父母、丈夫、老朋友们，逐一离去。她的儿子、儿媳整天在抱怨她不乐观、不阳光、不振作……还有我这个孙子，变着花样捉弄她。

### 我不应该这样嘲笑与嫌弃奶奶

正在这时，奶奶走过来，看着我笑笑，又递给我一盘嗑好的瓜子。

我早就会嗑瓜子，还嫌她嗑的瓜子不卫生呢。然而，我抗议过很多次，她就是不改。

但这次，我接过她递来的瓜子，津津有味地吃起来。奶奶笑得好甜，好像我仍是她那个四五岁的小孙子一样。

她说："奶奶去给你烧一碗酒酿圆子。"

她烧东西的动作好慢！我在想，对奶奶而言厨房里仍有爷爷的影子，是否，她一边烧饭一边在跟他聊天……泪水从我眼中流出来，我也想念爷爷了。于是，我找来家庭相册翻看。全家福中那位知性、典雅、美丽的妇人，是奶奶。那位牵着她手的男人，是爷爷。

如今，一个走了，一个活在家人的嗔怪与脸色之中。看着爷爷的照片，我忽然觉得自己错了——我不应该这样嘲笑与嫌弃奶奶，我要好好照顾奶奶。

### 愿我的理解能安放你的孤独

我走进厨房，默默地打开奶奶忘记打开的抽油烟机。

厨房里很安静，抽油烟机的声音竟带给我们默契的温暖感。奶奶朝我笑笑，我也朝她笑笑，那种幸福的感觉涌上心头。

"奶奶，愿我的理解能安放你的孤独。"我在心里默默说。

晚上睡觉前，我走进奶奶的卧室，她正在床上看电视。

像往常一样，她看电视的眼神中散发着淡漠的霉味。电视里演什么毫无意义，她只是要有足够响的声音来冲淡自己的寂寞。

我坐下来，同她聊起电视上的这位笑星。她支支吾吾应对着我，敷衍着笑几声……看得出，她对我今天反常的表现，感到一丝惶恐。

### 让她心里嘴里都充满甜味

我拿起奶奶一边看电视一边打的毛线，问她想织什么。奶奶说："天冷了，想给你爷爷织一条围巾。"

说完，她低下头，像个犯错的小女孩，有一种说不出的紧张感。

我没有嘲笑她，更没有提醒她爷爷已经去世了。我拿出攥在手心里的一块糖，剥开，放进她嘴里，再微笑着看她笨手笨脚地织围巾。

奶奶笑着说："好甜啊，还是我孙子最好！"

看着奶奶满足的笑容，我忽然有了一种做男子汉的感觉——哇！我忽然有一种像要保护小姑娘般呵护奶奶的冲动！

如果说衰老与孤独，是奶奶必须面对的生命之战，那么，我要跟她并肩作战，用甜蜜的关爱，让她心里嘴里都充满甜味。